长期的力量

梁宇峰 著

如何构建可持续的价值投资盈利体系

中信出版集团 | 北京

图书在版编目（CIP）数据

长期的力量：如何构建可持续的价值投资盈利体系 / 梁宇峰著. — 北京：中信出版社，2019.10
ISBN 978-7-5217-0955-1

Ⅰ.①长… Ⅱ.①梁… Ⅲ.①投资–基本知识 Ⅳ.
①F830.59

中国版本图书馆CIP数据核字（2019）第177454号

长期的力量——如何构建可持续的价值投资盈利体系

著　　者：梁宇峰
出版发行：中信出版集团股份有限公司
　　　　（北京市朝阳区惠新东街甲4号富盛大厦2座　邮编　100029）
承　　印：北京诚信伟业印刷有限公司

开　　本：787mm×1092mm　1/16　印　张：16.75　字　数：200千字
版　　次：2019年10月第1版　印　次：2019年10月第1次印刷
广告经营许可证：京朝工商广字第8087号
书　　号：ISBN 978-7-5217-0955-1
定　　价：59.00元

版权所有·侵权必究
如有印刷、装订问题，本公司负责调换。
服务热线：400-600-8099
投稿邮箱：author@citicpub.com

序

我很欣喜地看到梁宇峰的《长期的力量》一书获得出版。

梁宇峰是我的老同行，曾经多年担任东方证券研究所所长一职。东方证券研究所在他的带领下，快速发展为具有知名度和影响力的研究机构，一度为业内所瞩目。

2014年梁宇峰从券商辞职，创办了服务于普通投资者的"益研究"，致力于让普通投资者也能享受机构级的投研服务。这种创业初心，让人敬佩，因为中国有数千万乃至过亿的普通投资者，为资本市场贡献良多，大部分却得不到专业机构的服务。而"益研究"专注于服务普通投资者，特别是价值投资服务，无疑为中国资本市场的健康发展贡献了力量。

梁宇峰这本《长期的力量》，是讲价值投资的，书中讲了价值投资的基本理念、基本流程和基本方法，普通投资者完全可以对照学习、对照实践。而且难能可贵的是，行文语言和案例通俗易懂，对绝大部分投资者来说，易于理解，且可以"依样画葫芦"照做。所以，我们说这是一本"个人投资者易学会用的价值投资手册"，也不为过。

关于价值投资，很多人有误解，认为中国市场不适合做价值投资。我个人非常认同梁宇峰的观点，越是投机的市场，越容易发生

"定价错误",价值投资越能取得超额收益。我国A股市场也诞生了许多长线牛股,这些牛股的涨幅一点儿不亚于那些大家耳熟能详的海外明星公司的股票。当然,定价错误带来超额收益的前提是,你要选择那些因为定价错误而低估的好公司,并且要有耐心长线持有,而不是选择因为定价错误而高估的差公司,且频繁短线交易、追涨杀跌。

关于价值投资还有另外一个观点,就是价值投资太难学,不适合普通投资者。其实,价值投资的基本方法论和所需要的基本知识并不复杂,《长期的力量》这本书帮助大家构建了一套完整的价值投资框架,书中涉及的知识并不复杂。就像传奇基金经理彼得·林奇(Peter Lynch)所说的:"5年级的数学足以满足投资所需。"当然,除了5年级的数学,坚守能力圈,坚守常识,善于逆向思维,同样重要,但这些和高深的知识无关,和人的个性、阅历更无关,这需要大家在实践中不断感悟、不断提升。

此外,"价值"的模样也不是一成不变的,即不要一提到价值就认为是指大蓝筹,其实价值投资是带有时代特征的。它随着经济结构的发展而变化,随着企业盈利模式的改变而呈现出新的价值,但这需要用新的知识体系去发现和挖掘。

不管怎么说,《长期的力量》这本书对于大家树立正确的投资理念,建立一套行之有效的投资方法论,是非常有价值的。

是为序。

李迅雷

中国首席经济学家论坛副理事长

中泰证券首席经济学家

前言

投资最重要的事：构建你的盈利体系

中国有 1 亿多投资者，即便是在市场低谷的时候，也有三四千万投资者在交易。但 1 亿多投资者中，真正赚到钱的有多少呢？恐怕很少。大家都抱着发财的梦想进入股市，但大多数都以亏损告终，原因何在？

有人会抱怨中国股市不好，没有给投资者创造价值。很多人羡慕美国股市，说它是长期牛市，有可口可乐（CoCa Cola）这样的长线牛股，投资者能赚到钱，真的是这样吗？

我们可以来看看，中国股市和美国股市的比较。

我做过统计，我国的沪深 300 指数是 2005 年推出的，到现在差不多 14 年了。沪深 300 指数对标的是美国标普 500 指数（S&P 500 Index），都是蓝筹股指数。2005 年到 2018 年年底，沪深 300 指数的涨幅是 220%，标普 500 指数的涨幅是 120%。数据告诉我们，中国股市表现更好，这也许颠覆了我们的认知。

如果这个统计还不够有说服力，我们再看一个事实。很多人说中国的好公司都到境外上市了，A 股市场没有好公司，真的如此吗？

尽管我国 A 股市场错失了 BAT（百度、阿里巴巴、腾讯）这样的新经济龙头公司，但依然有很多超级大牛股。比如伊利股份，上市以来股价涨了 238 倍，泸州老窖涨了 191 倍，格力电器涨了 140 倍，恒瑞医药涨了 100 倍。

我统计了 1992 年到现在涨幅最大的 10 只股票，见表 0-1。

表 0-1　A 股市场累计涨幅前 10 的股票

证券代码	历史简称	当前市值（亿元）	1992—2018 年涨幅（倍）
600887	伊利股份	1 696	238
000568	泸州老窖	891	191
000538	云南白药	1 114	173
000002	万科 A	2 716	168
600519	贵州茅台	9 189	147
000651	格力电器	2 836	139
600276	恒瑞医药	2 790	99
600690	青岛海尔	1 174	53
600309	万华化学	1 242	50
600660	福耀玻璃	645	46

注：数据更新至 2018 年 12 月 31 日，来自市场公开信息。

这些穿越时空的长线牛股，有 3 个共同特点。

第一，它们都是各行各业的龙头公司。随着我国经济进入新常态，龙头公司的竞争性和稳定性越来越强。行业龙头能获得比小市值公司更确定的业绩稳定性和业绩增长性。

第二，消费股居多。这是为什么呢？因为很多行业，尤其是科技行业发展太快，容易被颠覆，周期性公司容易出现业绩巨幅波动。比如柯达，从曾经的胶片巨头到最后破产变卖；再如诺基亚，从功能手机的老大到跌落神坛。它们的没落是因为行业本身被彻底颠覆。但消费股不一样，一旦形成了品牌和护城河，它的竞争优势是可以持续很长时间的。

第三，这些公司都有很强的竞争力和很深的护城河。比如贵州茅台，就是典型的护城河很深的公司，它的品牌价值很高。再比如，格力电器的护城河是规模效应带来的成本优势，竞争对手可以生产空调，但它能达到格力那么大的规模吗？它能像格力一样拥有对上下游的议价权吗？这很难。

这些超级大牛股的存在，说明我国A股市场不仅在整体上、指数上有投资价值，在个股方面，也能产生很多可以媲美可口可乐这样的优质股。那为什么投资者总觉得A股市场差，总被套牢呢？为什么90%的投资者都在亏钱？这主要有3个原因。

第一，大多数投资者喜欢追涨杀跌的短线交易，很多投资者每年的换手率高达10倍，也就是平均持股周期只有1个月。追涨杀跌的短线交易带来了较高的交易成本，因为每交易一次，交易成本都在增加，投资者自然很难赚到钱。

第二，投资者很容易被恐惧和贪婪所左右，于是在股市上涨的时候进场，在股市低迷的时候离场。我记得2007年和2015年牛市顶点的时候，泡沫很大、估值很高，但到券商营业部开户的人很多，个人投资者蜂拥入市。但到了熊市，股票非常有投资价值，却鲜有人问津。可以说投资者在高位买入、低位割肉，这样怎能不亏钱？

第三，很多投资者不看基本面，喜欢买小盘股、题材股。A股市场有很多好公司，估值也不高，这些公司长期为投资者创造了非常惊人的回报。但个人投资者会觉得它们盘子太大、没有题材，偏偏要去买小盘股、题材股，而这些股票往往基本面较差，估值又高，结果是他们一再损失。

我再讲一个很有意思的现象，很多基金公司的基金经理都会告诉投资者，他们的产品收益率很好，长期都是盈利的且都能战胜指数。这是不是事实？是，基金确实能战胜指数，也确实能赚到钱。但基金投资者赚钱了吗？大部分基金投资者没有赚到钱。因为基金投资者和股票投资者一样，往往在估值最高的时候买入，在市场低迷的时候割肉离场。

这个现象不只中国有，美国也比比皆是。耶鲁基金会（Yale Endowment）的大卫·史文森（David Swenson）举过一个例子，他观察到1997—2002年表现最好的10只互联网基金，5年的平均年化收益率是1.5%，考虑到这些基金都经历了互联网泡沫，1.5%的年化收益率勉强能接受。但这10只基金在这5年里从投资者那里一共吸收了133亿美元本金，到2002年年底，这133亿美元只剩了38亿美元，亏损95亿美元，也就是亏损71%！为什么基金的平均年化收益率是1.5%，而其间投资者却亏损71%？答案在于，大部分基金投资者都是在市场最疯狂的时候申购基金，而基金的收益率是每个阶段收益率的和。比如2000年收益率为100%，2001年收益率为-50%，那么这两年的收益率为零。但2000年年初基金规模只有1亿美元，收益率为100%，就变成2亿美元。但到了2001年年初，因为基金业绩好，投资者蜂拥而入，新申购了8亿美元，基金规模变成了10亿美元，10亿美元亏50%就是5亿美元。所以，基金业绩是零——没有亏损，但投资者却亏了4亿美元，对应9亿美元本金来说，亏了44%。

既然中国股市并没有大家想象的那么糟糕，那为什么投资者很难赚到钱？这是因为大部分投资者没有建立一套可持续、可复制、大概率能获利的盈利体系。

从1998年开始，我一直在券商工作，长期担任券商研究所所长的职务，在这个岗位上也取得了一定的成绩。在券商研究所，我们的研究员只服务机构投资者，其他券商研究所大多也类似，只服务机构投资者。但个人投资者给证券市场的贡献是最大的，不管上市公司融资、券商交易佣金，还是政府印花税，个人投资者都是贡献最多的，大部分却亏损累累。为中国资本市场贡献很大的个人投资者，却总是亏钱。所以我创建了益研究，初衷是让个人投资者也能获得高品质的投研服务，改变他们沉浮股海又经常亏钱的命运。

这几年，我接触了很多个人投资者，发现他们买股票主要是"三靠"：靠运气、靠消息、靠"股神"。

靠运气，就是不做详细研究、"闭着眼睛"乱买，买到什么股票是什么，纯粹让运气来决定自己能否赚钱。很多人购买电视机、空调，会研究很久，找性价比最高的产品，但购买金额高得多的股票，却很随意。

靠消息，就是到处打听"小道"消息。我以前在券商研究所工作的时候，经常有朋友问我有没有内部消息，实话实说，我真没有内部消息。但当我这样回答的时候，他们并不相信。

靠"股神"，就是相信市场上各种"大师"，跟着他们操作。现在市场上有很多所谓的"股神"，他们宣传的投资业绩非常惊人，但一旦你付了钱，跟着他们操作，发现赚钱同样很难，且绝大部分是不可信的。

看到这些现象，我想做一些有意义的事情，想对自己20余年的经验做一个总结，告诉普通投资者正确的投资理念、构建盈利体系的重要性，并帮助普通投资者构建适合自己的盈利体系——这是投资者能长期稳健盈利的前提。

很多人认为，中国的个人投资者是"无可救药"的，因为他们无知且贪婪,帮助他们建立盈利体系是一件费力不讨好的事情。但事实上,我接触过很多个人投资者,他们听了我们的系列课程之后,对股票投资的认知有了根本性的改变,更加理性地对待股票投资,有的人甚至变得很专业,不亚于我所认识的机构投资者。看到他们的变化,我感到所有的努力和付出都是值得的。

  这本书的大部分内容,来自我这几年给投资者讲课的内容,以及内部分享的内容。在写作过程中,我得到了益研究的同事张路远、蒋弈非、王一普、叶子菀、周丹等的支持,在此表示感谢。错误之处难免,请广大读者指正。

目录

第一部分　构建你的盈利体系 / 001

第一章　盈利体系为什么重要 / 003
股票投资看似简单却很复杂 / 003
投资最重要的事：建立可重复、大概率
　能赚钱的盈利体系 / 005
时间是好体系的朋友，是差体系的敌人 / 009
投资者亏钱的最大问题：没有盈利体系或者
　拥有错误的盈利体系 / 011

第二章　我们需要构建什么样的盈利体系 / 016
盈利体系的基石：正确认知 / 016
盈利体系的基本内容："选股—验证—决策—
　跟踪"四大环节 / 021

第三章　股票投资常见的盈利体系 / 028
技术分析 / 028
基本面投资 / 033
基本面博弈 / 043

第四章　与时俱进发展自己的盈利体系 / 049
"知—择—行"，构建自己的投资体系 / 049

股市新常态下，基本面投资体系的

重要性 / 052

第二部分　基本面投资的盈利体系 / 057

第五章　选出潜力好股票的"7 种武器" / 059

第一种武器：跟着券商研报选股 / 059

第二种武器：跟着财报选股 / 063

第三种武器：跟着聪明钱选股 / 070

第四种武器：跟着"内部人"选股 / 074

第五种武器：跟着生活经验选股 / 076

第六种武器：跟着新闻选股 / 079

第七种武器：跟着专业投顾团队选股 / 082

第六章　"四大工具"验证好股票 / 086

用"望远镜"验证公司的赛道 / 086

用"透视镜"寻找公司的护城河 / 106

用"显微镜"检验公司财务状况 / 132

用"公平秤"评估股票性价比 / 162

第七章　买入之前做好充分决策 / 179

设定买入股票的条件 / 179

确定合理的买入金额或者仓位 / 181

预先设定股票的卖出条件 / 191

第八章　跟踪股票基本面的变化 / 193

识别关键驱动因素 / 193

跟踪关键驱动因素 / 198

识别和利用预期差 / 200

正确应对"黑天鹅" / 201

第三部分　做个聪明的投资者 / 205

第九章　投资者常犯的错误 / 207

把股市当作赌场 / 207

基于错误的原因买入股票 / 210

持仓成本影响决策 / 212

对股价止损，而不是对基本面止损 / 214

顽固坚持已经失效的策略 / 217

既要绝对收益，又要相对收益 / 223

盲目相信神秘"主力"和政策 / 227

基本面选股，技术面择时 / 231

第十章　聪明投资者的投资准则 / 234

构建适合自己的盈利体系 / 234

投资的 2.5 分原则——接受不完美的股票 / 235

具备常识和逻辑能力 / 236

不看后视镜开车，拥挤的地方不去，不懂的股票不碰 / 245

善于第二层次思维 / 248

坚持简单实用的价值投资 / 250

第一部分
构建你的盈利体系

在股票投资中，最重要的是什么？有的人认为是专业知识，有的人认为是信息优势，有的人认为是资金规模。但我认为这些都重要，却不是最重要的。股票投资并非一件对智力和专业技能要求很高的事情，但很多金融专业出身的人也做不好投资。随着互联网技术的发展以及监管的加强，信息优势、资金规模已经不再是决定业绩的关键要素。那么，到底投资中最重要的是什么呢？

我认为是建立一套大概率能盈利、可持续复制，并且适合自己的盈利体系。投资可以被视作一个概率游戏，有盈也有亏。构建自己的盈利体系的投资者，可以和时间做朋友，大数定律会帮助他获得很好的投资回报。反过来，没有构建标准盈利体系的投资者，会被时间视作敌人，大数定律会让他亏损累累。

这一章，我们主要介绍盈利体系的重要性、盈利体系的内容、常见的盈利体系，以及如何构建自己的盈利体系。

第一章　盈利体系为什么重要

中国股市中流行着"七亏两平一赚"的说法，这个说法没有人验证过，但基本符合大家的认知。10个投资者中只有1个能赚到钱，这说明在股市赚钱很难，为什么难呢？

股票投资看似简单却很复杂

股票投资操作起来很简单。你要做的仅仅是在电脑前点击几下鼠标，一旦点对了，就能看见账户里所选的股票市值快速上涨，这可能比其他大多数工作赚钱要轻松。

股票投资又是最难的事之一。无数人带着致富的梦想进入股市，勤奋学习，把自己培养成"上知天文，下知地理，既懂宏观经济，又懂企业战略"的全才。他们关心人民币汇率，关心国际贸易，关心原油价格……但即便如此，他们中真正赚钱的少之又少。

股票投资为什么这么难？按照我的理解，股票投资难，在于股票投资是一个概率游戏，正确决策（过程）未必带来好的结果，错误决策（过程）有时候会让你赚钱。也就是说，决策（过程）正误和投资结果好坏没有必然联系，这就会导致以下3种情况。

一是赚了钱，却很难归因或者错误归因

股票价格上涨的原因很多，但投资者很难找到真正推动股价上涨的因素。我们经常看到，投资者因为某种原因，比如"十送十"

买入股票，股价上涨后投资者很开心，觉得自己决策正确。但股价真正上涨的原因可能是业绩超预期，或者政策变化，但投资者却把上涨原因归结为"十送十"。下次投资，投资者就会去找"十送十"的股票，而不是业绩超预期的股票。再比如，在2015年A股牛市的时候，"闭着眼睛"买股票都能赚钱。在这种情况下，投资者很难对股价的上涨进行归因，究竟是因为公司经营不错、股票基本面不错而上涨，还是因为整体行情好而上涨，都不确定。有的投资者甚至错误地将问题股的价格上涨当成潜力股的爆发。所以说，投资者赚了钱，却很难归因或者错误归因。

二是赚了钱，却不可重复，运气成分大于能力成分

投资是一个概率游戏，很多时候，投资者赚钱的原因是运气不错，但很多人会把好运气错误地当成自己的能力。比如，在股票市场，很多人喜欢炒作壳概念股。特别是2016年，随着360从美股私有化返回国内的发酵，一批壳概念股被趁机热炒，数十只像江南嘉捷这样的壳概念股受到了市场资金的热捧。但能够押中江南嘉捷的投资者，其实基本上是靠运气。更多是押错宝的投资者，他们在热炒中被套在高位，亏损累累。但押对宝的投资者不会觉得自己运气好，而是觉得自己决策能力强。可这种赚钱的投资，实际上靠运气，难以复制。

三是因为运气，错误决策（过程）产生了好结果，强化了错误决策

我经常看到有人因买到一只涨停股票而兴奋，可我一看是一只快要退市的股票。我问他为什么要买快退市的股票，他说，这只股

票连续10个跌停板，跌停板一打开，他就买入博反弹。尽管这只股票最终退市，但对于该投资者来说，他已经建立了自己的认知：买入连续跌停又开板的股票，就能赚钱。很多人会强化自己的错误决策，并形成自己的方法论。一次、两次，这种方法论可能会因为运气带来不错的回报，但长期按照这个思路操作下去，投资者一定会亏损累累，因为很可能有这样的结果：多次"成功操作"赚来的钱被一次连本带利地亏完。

投资最重要的事：建立可重复、大概率能赚钱的盈利体系

如前所述，投资决策正误和投资结果好坏没有必然联系，所以投资很难。投资是一个概率游戏，没有战无不胜的常胜将军，没有稳赚不赔的投资策略，巴菲特（Buffett）、林奇（Lynch）、索罗斯（Soros）也都有决策失误的经历，也都有投资亏损的时候。但长期来看，有的人能赚到大钱，有的人却亏得倾家荡产，差异何在？这在于投资成功者都有一套自己的投资体系，这种盈利体系虽不能保证每次决策都是正确的，但由于正确的概率大于错误的概率，长时间重复决策之后，他们就能取得很好的投资回报。这就是概率论上的"大数定律"，在投资中，大数定律一定会发生作用。

为了帮助大家理解大数定律，我先举一个例子。你如果建立起一个盈利体系，每次决策正确的概率能达到70%。这个概率其实已经很高了，接近优秀专业投资者的概率。但如果只投资一次，你错误的概率还有30%。如果你投资5次，错误的概率只有16%了。如果投资10次，错误的概率只有5%了。如果投资20次，错误的概率只有2%了，详见表1-1。如果投资100次，那你几乎是百分之百正确了。反过来，你如果建立起一个盈利体系，每次决策正确的概率只能达到30%~40%，那么决策10次、20次，甚至100次之后，大概率你会错误。所以投资最重要的事，是建立可重复、大概率能赚钱的盈利体系。

表1-1 单次博弈和重复博弈

	单次博弈	5次博弈	10次博弈	20次博弈	100次博弈
正确的概率	70%	84%	85%	95%	99.998%
平的概率	—	—	10%	3%	—
错误的概率	30%	16%	5%	2%	—

纵观中外资本市场，但凡能够取得持续成功的投资者，都有自己的盈利体系。比如，我非常熟悉的国内某资产管理团队DFH。我曾经和这个团队共事10多年，见证了团队的初创、成长和壮大。它在过去的10多年时间里，经历了数次大起大落的行情，经受住了市场牛熊转换的考验，取得了25%以上的年化收益率，是少数能长期持续保持优秀投资业绩的资管团队之一。回看DFH的投资，在2012年、2013年市场低迷时，它几乎满仓优质蓝筹股。2015年上半年市场上涨的时候，整个市场都在热议并跟进互联网+、虚拟现实等概念题材，DFH则坚守价值投资理念，不参与投机炒作，并运用股指期货对冲系统性风险，成功避开股灾。2016年恒生指数低点时，DFH重仓港股，再次把握了趋势。2017年DFH旗下系列产品全面取得好业绩，其中一只基金更以67.91%的收益率成为基金冠军。2018年DFH旗下产品因为重仓蓝筹股，也出现了20%左右的回撤，但它过去10多年的业绩足以傲视同行。DFH坚守的盈利体系是其在股市中获得丰厚收益的重要因素。DFH盈利体系的内容，概括起来有以下几点。

选股：幸运的行业+能干的公司

DFH 崇尚价值投资理念，建立了一系列选择投资标的的标准，简单概括是：幸运的行业+能干的公司。投资者要看公司所处的行业特征如何，是否有较大的发展空间；公司的商业模式如何，是否具有可持续的发展能力，是否经得起未来的考验；管理层是否足够优秀，是否拥有与自己行业特征相匹配的能力。而且，投资者要尽量不买上市不到两年的新股，不追逐主题、热点，不买市盈率特别高的股票。

策略：长期投资，陪伴好公司成长

投资者坚持"自下而上"地选择优秀公司，深入研究公司的基本面，关注公司的本身，关注公司的核心竞争力的提升和行业地位的稳固；坚信有核心竞争力的优质上市公司的回报率会远高于社会平均回报率；避免高换手率，不频繁交易，坚持长期投资，陪伴好公司成长，赚取上市公司长期盈利增长的钱，赚取上市公司分红的钱。

风控：专注于择股，大部分时间不择时

时间是优质公司的朋友，投资它们，就能以时间换空间，所以 DFH 更专注于择股而不陷入择时的困境（事实上，DFH 团队一贯认为，在大部分时间里，择时是很难的，并不能给投资者带来超额收益），所以它着眼于长期的投资机会而不过多考虑股价的短期波动。

敢于逆向思维、逆向投资

　　DFH长线持有的股票是伊利股份，它买入的时点是国内乳品业遭受三聚氰胺事件重创的时候，那时候伊利股份的股票遭受了巨大的抛售，股价非常低。但DFH团队敢于在那个时候逆向买入，因为它判断，长期来看伊利具备很强的竞争力，并不会因为单次事件而走向衰败，而股价大幅下跌是良好的买入机会。它在那时候买入伊利之后，一直重仓持有到现在，实现了几十倍的投资收益。不仅在个股上，在市场遭遇极端估值行情的时候，它也敢于逆向投资。比如2015年上半年市场亢奋的时候，它不仅坚决回避被疯狂炒作的创业板以及各种题材股，还利用股指期货来规避风险。所以2015年6月之前，它的业绩排名很糟糕，但它承受住了巨大压力。6月股灾发生，它的产品收益率排名又进入了市场的最前列。

　　DFH是价值投资的典范，我们再来看索罗斯——全世界最具传奇色彩的金融大师之一，他的量子基金被评为最能赚钱的公司之一，过去40年的平均年化收益率达到20%。索罗斯能取得如此好的投资业绩，也是因为他有一套自己的盈利体系，而"反身性"理论是索罗斯盈利体系的核心。他认为"反身性"存在的一个最根本的因素来自人类的认知偏差，这种偏差确实存在并且是一种常态。这是索罗斯投资哲学的核心，索罗斯用它来指导投资并从市场的错误中获利，创造了量子基金的神话。例如1992年索罗斯对英镑的狙击，便充分利用了当时英格兰银行（Bank of England）对形势的错误估计而获利。

　　DFH和索罗斯的量子基金，投资理念、投资风格迥异，但都拥有自己完整的盈利体系，也才能在长期的投资中确保正确的概率大于错误的概率，从而取得高投资回报。

时间是好体系的朋友,是差体系的敌人

一个著名的投资方法论叫"美林时钟",讲的是如何在不同周期下进行资产配置。有人开玩笑说,"美林时钟"在 A 股市场变成了"美林电风扇",呼呼转。这个玩笑是指,A 股市场的风格切换非常快,快到让专业机构都无所适从。我自己曾经长期担任基金公司的董事,据我观察,某一年业绩领先的基金经理,到了第二年大概率业绩会落后;反过来,某一年业绩垫底的基金经理,到了第二年大概率业绩会领先。

股票市场风格的快速切换,导致很多长期有效的策略,却在短期无效、无用。所以在投资中,时间是一个非常重要的维度,甚至是最重要的维度之一。任何投资,脱离时间维度,都是没有意义的。对于价值投资来说,至少要有 2~3 年的持股周期。对于技术分析来说,时间长则要数月,短则要数天。而对于量化高频交易来说,考虑的时间可能是几秒,甚至是零点几秒。所以不同的策略,不同的投资方法,所需的时间维度是完全不一样的。

既然时间对于投资这么重要,那时间究竟是朋友还是敌人呢?

首先,时间是好公司的朋友,是差公司的敌人。从长期来看,股价是由价值决定的,股价永远围绕着公司价值波动。什么是公司价值?它是公司基本面决定的合理估值。但在短期内,股价往往会和公司价值发生偏离,甚至是很大的偏离。对优秀公司来说,随着时间的推移,它的盈利会不断增长,价值会不断提升。尽管公司股价短期内可能低于它的价值,但最终一定会回归价值。

我们前面说的伊利股份,上市以来股价涨了 200 多倍。虽然因为三聚氰胺事件和股灾,其股价有过大幅下跌,但长期来看,股价涨幅依旧非常惊人。对于这样的优秀公司,时间就是投资者的

朋友。

但反过来，如果你投资的是差公司，那你的风险将随着时间的推移而越来越大。长期以来，A股市场有很多基本面不好的小市值公司，估值却很高。从2016年下半年开始，这些市盈率100倍甚至几百倍的公司，已经跌了百分之八九十，甚至有些公司开始面临退市的风险。所以，当你持有被高估的差公司的股票时，时间就是你的敌人。

其次，时间是好体系的朋友，是差体系的敌人。我的一位老领导说过一句经典的话："时间是整个投资的杠杆，投资策略就是支点。"这里的投资策略就是我说的投资体系，时间这个杠杆将会放大你的投资收益或者亏损。正如前面举的例子，一个正确概率为70%的策略，如果你投资100次，那你几乎就是百分之百会赚钱。

但是反过来，如果你的投资体系很糟糕，每次正确的概率很低，又在长时间内不断重复，那结果就会亏损得很严重。我们来看一个案例。申万活跃股指数是在1999年推出的，推出的时候是1000点，现在这个指数已经不再发布了，因为它已经跌了99%，只剩下10个点。申万活跃股指数走势如图1-1所示。这个指数选取每周换手率最高的前100家公司并每周调整，保证留在指数里的都是周级别持续放量最大的标的。这是一个典型的追涨策略，在放量时买入，缩量时卖出。也就是说，在18年里，这个指数持续买入最活跃的股票，但最后亏得只剩下零头，为什么？因为这个策略是一个赢面很低的策略，长期坚持这样赢面很低的策略，最终的结果可想而知。但我们很多个人投资者，却喜欢追逐热点，跟着热点炒作，几年下来，肯定是要亏损的。

市场上流传着一个故事，说腾讯有一位老员工，每月收入除开销外全部买了公司的股票，不管涨跌，坚持了7年，资产已过亿；

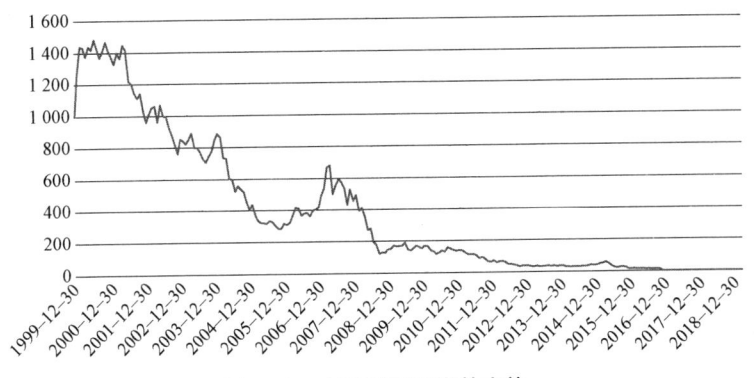

图 1-1　申万活跃股指数走势

资料来源：Choice 资讯。

中国远洋也有一位老员工，每月收入除开销外也全部买了公司的股票，不管涨跌，坚持了 6 年，最终把宝马汽车换成了自行车。

这就是时间的威力，时间是好公司、好体系的朋友，是差公司、差体系的敌人。对于我们投资者来说，构建一个好的投资体系，坚持实践好的投资体系，是让时间成为朋友的前提。

投资者亏钱的最大问题：没有盈利体系或者拥有错误的盈利体系

近年来，我因为创业开始接触更多的个人投资者。我发现大部分个人投资者做不好投资，并不是因为传统认知上的个人投资者能力差、信息弱势或者资金弱势（事实上，资金规模小是投资的优势而非劣势）。很多个人投资者都有着体面的工作，有着不错的能力，特别是现在资讯非常发达，上市公司的各种信息、券商的各种研究报告随手可得，个人投资者的信息劣势已经不明显。但很多在自己行业做得非常出色的人，一到投资领域，就变得没有常识和逻辑（常识和逻辑，对做好投资非常重要），这是一件很奇怪的事情。在所有工作当中，我认为股票投资的难度最多是中等水平，其挑战性远远比不上很多行业。但为什么很多人在其他领域做得顺风顺水，一到股市便屡屡碰壁呢？依我观察，这主要是因为两个问题。

首先，他们没有完整的盈利体系。追热点题材、听小道消息、信"股神"荐股是个人投资者常用的办法。他们在学习炒股的时候只注意一招一式的技巧方法，东学一个"绝招"，西学一个"秘诀"，今天觉得基本面有用，就用基本面分析，明天觉得技术分析见效快，就搞技术分析，没有章法地乱打一气，却忽略了要构建适合自己、适合市场规律和趋势的投资体系。

其次，他们拥有错误的盈利体系。错误的投资体系，是投资者构建的投资体系要么不适合自己，要么不符合市场规律和趋势。正确的盈利体系应该符合3个标准。

第一，它要适合自己的能力圈。个人投资者在构建自己的盈利体系的过程中，要综合考虑自己的职业、财务状况、风险承受能力，以及自己的性格特点。比如，有些投资体系对宏观经济乃至全球经济的洞察和判断要求极高，比如索罗斯的宏观对冲体系，绝非是一般人能学会的。巴菲特的价值投资理论，大道至简，可学可用，但要求投资者有持股的耐心和对股价波动的忍受力。

第二，它要逻辑自洽。什么是逻辑自洽呢？就是买股票的逻辑和卖股票的逻辑要一致。我经常会碰到一些个人投资者跟我说他买了哪只股票，我问他为什么买这只股票，他说看好这个行业，公司业绩也很好，讲了一堆理由，都是基本面的逻辑。过了3天，他又跟我说他把那只股票卖了，因为股价跌穿5日线、"死叉"出来了，这又是技术分析的逻辑。这样的买卖逻辑自洽吗？买卖逻辑不自洽的人，99%的概率是做不好投资的，能做好投资的一定是买卖逻辑自洽的人。

除逻辑自洽外，重要的是要符合市场规律和趋势。有些投资策略，在股市的特定阶段可能很有效，比如壳概念策略、小市值策略，但市场环境发生巨大变化之后，这些策略就变得无效，甚至非常"坑人"。我以前经常说，从 2012 年开始，每年 1 月 1 日，选择 A 股市场中总市值最小的 10 只股票，按照每个 10% 的仓位买入，一年后的 1 月 1 日，再次选择 A 股市场中总市值最小的 10 只股票，按照每个 10% 的仓位买入，如此坚持到 2016 年 12 月 31 日，5 年时间这个策略的回报高达 20 多倍，"秒杀"任何基金经理。但这个策略在 2017 年和 2018 年，累计能让你亏损 80%。为什么？市场环境发生了根本性变化，因为 IPO（首次公开募股）正常化了，壳资源不再值钱，而且差公司退市的可能性大大加大，这些小市值公司就风光不再了。所以我们一定要看清楚市场趋势，及时摒弃那些已经无效的盈利体系。追涨杀跌已经被证明是大概率赔钱的方法，我们就不能再沉溺其中。炒作绩差股、题材股已经成为过去式，我们也不能再坚持。

第三，它要可持续、可复制。 一个正确的盈利体系，一定是在相当长一段时间内可持续、可复制的。有些策略或者方法，虽然也能赚钱，但不能持续。比如有些专门做无风险套利的策略，风险很小时收益率很不错，但最大的问题是市场出现无风险套利的机会并不多，如果你完全依靠这种策略，很多时候你会陷入没有机会的窘境。

▶ 延伸阅读

A 股市场从 2016 年年底以来发生的根本性变化

A 股市场从 2016 年开始发生了根本性的变化，这种翻天覆地的变化，总结起来是股票市场正在进行国际化、市场化和法制化的进程。大家看到这"三个化",是不是觉得像空话？但是我要告诉大家,这"三个化"现在已经变成实实在在的政策在落实,而且正在深刻改变着 A 股市场的生态。

我们分别来看一看,第一个是国际化。2014 年 10 月沪港通被推出,2016 年 11 月深港通被推出,沪港通和深港通的推出意味着什么？内地投资者只要有 50 万元的资金,就可以买在香港证交所上市的来自世界各地的股票；反过来,全世界的投资者都可以通过沪股通和深股通直接购买 A 股市场的股票。所以,A 股市场不再是一个封闭的市场。香港股票的价格比 A 股的便宜很多,这对 A 股市场是不是形成了估值压力？国际机构投资者不断进入 A 股市场,是不是会影响 A 股市场的投资理念和风格？

第二个是市场化。现在 IPO 整体越来越市场化,越来越顺畅。2017 年,IPO 数量达到 300~400 家,2019 年上半年即便是熊市,每周也有 2~3 家公司 IPO。这个影响会非常大,因为 IPO 正常化、顺畅,也就意味着小股票越来越不稀缺。原来上市所需时间长,被逼着借壳和资产重组的优质资产,现在都要经过 IPO,那么借壳和资产重组会越来越难。

第三个是法制化。现在监管越来越严,特别是对各种各样的资产重组、借壳的监管更加严格。资产重组、借壳上市是 A 股市场投资者最喜欢炒的两个主题,但今后会越来越难实现。

市场还有一个可能的变化,就是今后退市力度将加大。这个可能性非常大,已经是市场共识。

在这"三个化"的背景下,A 股市场的投资逻辑发生了翻天覆地的变化。以前 A 股市场的逻辑是不看基本面,不看估值,倾向于炒小盘股、重组股和题材股。在这"三个化"的背景下,投资者能很容易地买到便宜的港股、股票越来越不稀缺、重组借壳越来越难,乱炒作的基础不存在。

原有的炒作逻辑失败了,那么接下来 A 股市场的投资逻辑是什么呢?那就是基本面越来越重要。所以,很多原来不看基本面的盈利体系完全失效了。对很多投资者来说,老经验、老方法会让自己遭受巨大的亏损,所以需要重建自己的盈利体系。

第二章 我们需要构建什么样的盈利体系

前面我们讲了构建盈利体系的重要性，接下来谈谈到底什么是盈利体系。

盈利体系的基石：正确认知

投资者构建盈利体系，首先要形成正确的认知。认知，有点儿像一个人的价值观，是根本性的，所有的投资体系都建立在这个基础之上。

对构建盈利体系来说，我们有两个认知特别重要，一个是关于股票的认知，另一个是关于风险的认知。前者决定了你对"投资股票靠什么赚钱"的基本认知，后者代表了"如何应对投资亏损"的基本认知。对股票和风险的认知不一样，构建的盈利体系就不一样。这就好比人生，如果你觉得人生的意义在于享受，那么你选择的生活方式就是随遇而安，抓住一切机会享受生活；如果你觉得人生的意义在于奋斗，那么你选择的生活方式就是逆风而行，不断挑战自我。我们很难说哪种人生观和生活方式是对的，但不管怎么样，人生观决定生活方式。同样的道理，对股票和风险的认知决定你的盈利体系。

对股票的认知

什么是股票？网络上是这样描述的："股票是股份公司发行的所有权凭证，是股份公司为筹集资金而发行给各个股东作为持股凭证并借以取得股息和红利的一种有价证券。每只股票都代表股东对企业拥有一个基本单位的所有权。每家上市公司都会发行股票。"

这个描述是正确的,但大家会觉得很严肃也很无趣,离自己的投资很远。从投资角度来看,我们对"股票是什么"这个问题有两种完全不一样的认知。

一种认知是:股票就是博弈的筹码。什么是博弈?说得直白些,就像赌博,玩德州扑克和麻将,都属博弈。在这种认知下,股票的基本面好不好无所谓,它就是一个符号、一种赌具、一种筹码。

在博弈的世界里,有的人博弈能力强,能持续赚钱。但大家一定要清楚,博弈是零和游戏。什么是零和游戏?就是你赚了钱,一定有人在亏钱。如果赌场要坐收佣金,博弈就变成负和游戏了。赌场的规则是"十赌九输",所以建立在博弈基础上的盈利体系,只会使少数人赚钱、大部分人亏钱。

另一种认知是:股票是投资上市公司的载体。我投资这只股票就是投资这家上市公司,这家上市公司盈利了、成长了,我就赚到钱了。当你把股票当作投资公司的载体的时候,你盈利的来源就不是其他投资者口袋里的钱,你赚的钱就不是其他投资者亏的钱,而是上市公司的成长带给你的利润增长,以及随之而来的分红或者资本增值。这时候,投资股票就不是零和游戏。

如果你认为股票是投资公司的载体,那么基本面就非常重要。巴菲特说过,你买入一只股票,就要像和该公司的管理层合伙做生意一样。如果你不认可他的生意、不认可他的能力,那么你根本就不应该碰这只股票。

我们前面说的 DFH 资产管理团队,就是把股票当作投资公司的载体的典范。

你对股票的不同认知,决定了你如何做投资。如果你把它理解为博弈工具,那就应该去学技术分析。如果你把它理解为投资公司并分享公司成长的载体,那就要进行基本面分析。

在 A 股市场,谁以技术分析为主?谁以基本面分析为主?个人投资者是偏技术分析的,机构投资者是偏基本面分析的。不仅是 A 股市场这样,全世界的股市都这样。

很多人会说,基本面分析在 A 股市场没有用,这其实是一个巨大的误解。我们看一看基本面分析到底有没有用。

一篇研究报告得出了一个结论:2007 年到 2016 年的 10 年,股票型基金、偏股型基金、平衡混合型基金的累计收益率分别高达 203%、172%、144%,同期沪深 300 仅上涨 62%。我们自己也做过统计,得出的结论是类似的:国内基金能显著跑赢指数。

与此同时,我们还发现,在机构投资者当中,越是注重长期投资的(把股票当作投资公司的载体),收益越好。我们自己做过一个策略,跟踪合格境外机构投资者的长线持仓。这个策略表现非常好,从 2010 年以来取得了近 500% 的收益率,而同期沪深 300 仅有 26% 的收益率,如图 2-1 所示。

图 2-1　2010 年以来沪深 300 和境外机构投资者持仓组合收益率
资料来源:基于市场公开信息的测算。

机构投资者，特别是长线投资者的收益能大幅跑赢指数，意味着个人投资者是跑输指数的，因为指数是所有投资者的平均收益率。我没有做过精确统计，但我相信"七赔二平一赚"是基本准确的，个人投资者很难做到像机构投资者那样跑赢指数，其实达到指数的水平都很难。

为什么在中国市场，基金能大幅跑赢指数，而在美国这样的成熟市场，基金很难跑赢指数？其实道理很简单，因为美国基本上没有个人投资者，是机构投资者主导的市场，大家都是机构，自然就很难跑赢指数。所以，美国近几十年盛行指数化投资——反正基金很难跑赢指数，我不必花高昂的管理费请基金经理来管理资金，直接买指数就可以。境外机构投资者持仓组合和基准组合收益率比较见表2-1。

表2-1 合格境外机构投资者持仓组合和基准组合收益率比较

	近一月	近三月	近一年	本月以来	今年以来	成立以来
投资组合	-4.93%	22.68%	12.36%	-1.55%	23.90%	460.46%
基准组合	-1.53%	23.50%	3.97%	1.06%	29.98%	29.60%

资料来源：基于市场公开信息的测算。

除了上面两种对股票的认知，我对股票还有另外一种理解：**股票是一个财富转移的工具**。

什么是财富转移的工具呢？就是在市场中实现财富的再分配。在股票市场，财富的基本流向是这样的：个人投资者流向机构投资者，二级市场流向上市公司大股东。

中国的很多投资者嘴上说要分享上市公司成长的红利，心里想的是今天买进，明天涨停就卖出，也就是想从别人口袋里掏钱，但最终的结果呢？多数人做了财富转移的牺牲品，把自己辛辛苦苦赚来的钱转移给了上市公司大股东，转移给了券商和机构投资者。

对风险的认知

股票投资固然会带来投资收益，但投资永远有风险，那什么是风险？

创立并发展于20世纪五六十年代的现代金融学以及现代投资组合理论有几个核心假设：第一，人是完全理性的；第二，信息是完全充分的。基于这两个核心假设，现代金融学理论用股价的波动率来衡量风险，股价的波动程度代表着风险的高低。股价波动性越大，意味着股票的风险越大。在这个基础上，西方学者构建了资本资产定价模型（CAPM）和现代投资组合理论这样的金融学大厦。

如果波动意味着风险，那么按照现代投资学的理论，**控制风险的手段就是选择相关性低（最好是负相关）的股票来构建组合，通过组合来分散风险**。这是现代投资组合理论的核心思想。

但是股价波动真的是风险吗？巴菲特认为大多数市场并非完全有效。确实，人是完全理性的且信息是完全充分的假设，距离现实非常遥远。所以巴菲特曾经说过一句非常著名的话："**如果市场是完全理性的，那我只能沿街乞讨。**"言下之意，如果市场是完全理性的，他不可能赚到那么多钱。

巴菲特同时认为，将市场波动等同于风险是一种曲解。他认为，投资的风险并不来源于波动，**波动反而是机会，因为股价波动的幅度越大，好公司越会出现被低估的机会**。当你利用股价下跌，选择、买入并持有好公司的股票，一定会给自己带来丰厚的收益。

为什么股价波动大被现代金融学认为是风险，而在巴菲特眼里是机会呢？两者的核心区别在于：现代金融学理论认为人完全理性、信息完全充分，股价永远正确反映基本面，因此股价下跌一定是有合理原因的，在这样的前提下，股价波动并非机会；而巴菲特不认为市场永远有效，股票经常被错误定价，所以对于好公司，波动是机会。

巴菲特认为本金的永久性损失才是真正的风险。什么是本金的永久性损失？是你所买入股票的公司基本面恶化，股价永远回不到你买入的价格，这才是真正的风险。所以，真正的风险并非股价的波动，而是来自公司的"内在价值风险"。所以，**选择安全边际高的股票，才是避免风险的最好投资方法。**

盈利体系的基本内容："选股—验证—决策—跟踪"四大环节

前面我们讲了盈利体系的基础——对股票和风险的认知，有了这两种基本认知，你才能根据自己的认知构建盈利体系。

对股票和风险的认知不一样，构建的盈利体系完全不一样。如果你认为股票是"博弈筹码"，那么你选择的盈利体系一定是"如何更好地博弈——如何把别人口袋里的钱掏出来占为己有"。如果你认为股票是"投资企业的载体"，那么你选择的盈利体系一定是"如何找到能持续增长的公司，让公司为你赚钱"。

我的基本认知是"股票是投资企业的载体"，所以我的盈利体系是基本面投资体系。

基本面投资内容非常庞杂，我把自己的实战经验总结了一下，大致有以下4个环节。

第一步：选股，就是发现潜在的好股票

对于普通投资者来说，资金体量不大，买10只股票做组合就很

不错了，但市场上的股票有3 000多只，投资者要会选。

初选股票的方法很多，最常见的就是从财务指标中进行初选。我举一个如何利用财务指标选股的例子。我自己非常看重净资产收益率（ROE），这是一个非常重要的指标，巴菲特也特别看重它。A股市场3 000多家上市公司，平均净资产收益率在7%至8%之间。我们设定一个简单指标，选出净资产收益率连续3年大于20%的股票，就能剔除掉90%的股票，只剩下大约300只，这就能大大降低我们选择的难度。我自己还看重的几个财务指标包括现金流和估值。

除该方法外，其他方法有：从新闻中发现好股票的线索，从生活中发现好股票的线索，从券商研报中发现好股票的线索。我们在后面会介绍发现潜在好股票的"7种武器"，详细介绍初选好股票的各种方法。

第二步：验证，当你初选出好股票之后，需要验证它是不是真的好股票

初选是大幅度缩小选择范围，验证就是深度研究。很多投资者误把"初选"当作"验证"，即根据"7种武器"选出一只股票，就觉得是好股票，马上就下手买。比如，投资者仅根据市盈率来决定买入某只股票。市盈率的确是初选股票的一个好指标，但这远远不够，我们需要多角度验证。验证是一个深度研究的过程。

首先，我们要看这个行业的空间大不大，行业空间决定公司的发展空间。

如果一个行业很小，那么公司大概率也很难做大。我们还要看行业景气度，这是因为大牛股往往诞生于高景气度的行业中。那么,我们怎么找到未来能够维持高景气度的行业呢？在具体的

操作中，我们可以从技术发展趋势、供求关系、政策扶持等维度入手。

第一个维度是行业是否代表了技术发展的方向。人类的需求最终还是要受到科学技术发展的制约和引导的，智能手机的出现，迅速淘汰了诺基亚这种传统手机厂商，改变了整个手机产业的竞争格局。而智能手机的普及以及性能的快速提升也催生了庞大的移动社交、移动支付、手机游戏等产业。在未来，我们还要持续关注人工智能、大数据、物联网等新技术的发展，因为它们同样会给我们的社会和生活带来翻天覆地的变化。

第二个维度是供求关系。一个行业，如果整体处于供过于求的状态，那么行业里的公司就会展开价格战。反过来，如果行业处于供不应求的状态，就会出现产品价格上涨、公司业绩上升的良好局面。但供求关系往往是变化的。比如，煤炭原来严重供过于求，但在供给侧改革的背景下，很多小煤矿被关闭，2016年下半年煤炭行业出现了供求关系的逆转，煤炭价格大幅度上涨。所以，供求关系是需要我们不断跟踪的。

第三个维度是行业是否获得了政策的扶持，拥有政策扶持的行业往往可以得到快速的发展。比如新能源产业就是一个典型的案例。出于环保的需求，我们国家在过去几年大力扶持新能源产业，于是带动了整个产业链的爆发式发展。

验证行业空间只是第一步，因为行业只是给出了一个大概的范围，盈利最终还是要靠企业实现。而在同一个行业中，具体企业由于发展战略、核心优势、经营能力等各个方面的差距，最终的业绩也会千差万别。

其次，我们要验证公司的核心竞争力。这里重点介绍两个核心竞争力：足够深的护城河和优秀的管理团队。

企业的护城河非常重要，护城河这一概念来自股神巴菲特，指的是企业相当长一段时间内无法被模仿和替代的竞争优势，如品牌、专利、垄断性牌照、规模优势等。大牛股往往是那些拥有很深护城河的公司。一个优秀的管理团队对于企业的成长也是至关重要的，我们需要考察管理层的眼光、能力和管理思路，还要考察管理层是否有把企业做大做强的决心。

再次，我们要重视财务分析，因为财务分析是验证公司是否有竞争力的重要手段。公司是否有竞争力，一定会体现在财务指标上。财务分析，也是我们避免碰到地雷股的手段。比如，乐视曾经是 A 股市场的明星公司，有很多投资者曾经是乐视的粉丝。从行业空间、公司核心竞争力上来看，乐视无疑是一家优秀的公司。乐视的影视版权库中有 5 万多部电影、10 万多部电视剧；乐视电视年销量高达 600 万台，一度让传统电视厂商感到恐慌；乐视体育曾经包揽 310 项体育赛事的转播权，包括中超、英超的独家转播权。但我们如果细看乐视的财务报表，就会发现很多疑点，如经营性现金流为负、应收账款大幅度增加、财务操纵痕迹明显、存在巨额关联交易、大股东大比例股票质押等。对这样的公司，财务分析是能让人产生警惕的。

最后，我们还要看估值。投资者做基本面投资就必须要研究估值，不管是价值股投资还是成长股投资，都必须研究估值，因为好股票 = 好公司+合理估值。我们只有了解了公司的合理估值，才能通过与现有股价进行对比，判断目前股价是被高估、合理还是被低估。如果股价被高估，即使基本面再好，也不是买入的机会。

讲到估值，大家会觉得很神秘。其实在日常生活中，我们就常做估值。我打个比方，我们买房子，一定会在不知不觉中做估值。

当我们看中某小区的某套房子，我们会以近期该小区房子的成交均价来做参考，这就是相对估值，也就是选择可比公司作为参考，对股票进行估值。或者我们会看租金回报率，如果每年的租金回报率能达到5%，那么房价是便宜的；如果每年的租金回报率很低，只有1%，那么房价就太贵了，这是绝对估值。

估值的方法非常多，我们会在后面一一介绍。

第三步：决策，就是做出是否买、如何买的判断

验证结束后，如果你确实发现这是一家好公司，估值也合理，那么你就可以考虑买入了。在买入之前，你要想清楚以下问题。

第一，我准备在什么价格区间买入？或者我在哪些条件具备的情况下买入这只股票？

第二，我准备用多少资金买入这只股票？这只股票占我整个组合的比例是多少？

第三，我准备持有这只股票多长时间？到什么价格或发生什么情况，我会准备卖出这只股票？

第四，买入之后可能会出现什么样的意外？如果出现了意外，我应该怎样应对？

这些问题是决策的关键问题。把这些问题都想清楚了，我们才能动手买股票。

第四步：跟踪，持续关注和研究公司的基本面变化

投资者做基本面投资经常会选择"买入持有"策略，但"买入持有"不等于"死捂股票"。我们买股票的持有周期在一两年，这并不表示这一两年就不管了，而是要天天跟踪。买入持有的过

程，我们要做跟踪和决策。这包括如何止盈和止损，碰到"黑天鹅"事件的时候怎么办等。有时我开玩笑地说："现在'黑天鹅'太多，'白天鹅'倒是少见了。"当你碰到"黑天鹅"，当你的股票遭遇两个跌停板的时候，你怎么办？这需要你按照一定的框架，系统性地思考和判断，决定止损还是加仓，这就是跟踪和决策。

人性是有弱点的，所以，投资者在投资中就会有很多误区。

比如你买入某只股票，你的持仓成本与它未来会不会涨有相关性吗？当然没有。但对于90%以上的投资者，手中股票是被套牢还是盈利，会影响他下一步的投资决策，这就是人性的弱点。所以我经常强调两点：第一，投资者做基本面投资要忘记股票曾经到过什么价格，不能因为指数曾经到过5 100点，就说现在的指数3 000点很低，3 000点是低还是高，只和估值有关系，和之前有没有到过5 100点没有任何关系；第二，忘掉你的成本，买入股票之后，唯一决定这只股票涨跌的是它的基本面未来会怎么样，跟你被套牢还是盈利没有任何关系。所以，在投资中，我们要培养好的投资心态，做聪明的投资者。

相关的技术分析指标大致分为指标类（如随机指标、平滑异同移动平均线）、切线类（趋势线、轨道线、黄金分割线等）、形态类（M头、W底、头肩顶、头肩底等）和波浪类等。读者如果对这些内容感兴趣，可以寻找相应的书学习。

在整个过程中，我们始终要学会利用各种资源，尤其是券商分析师的报告。对于券商分析师的报告，大家也有误解。一种误解是盲目相信，看到"买入"评级就跟着买，结果买入后，股价就跌；另一种误解是，分析师报告都是骗个人投资者接盘的。这两种看法都不对。以我的经验，券商分析师报告是投资的必备工具，能够帮我们节约大量的时间，但如何正确使用券商分析师报告，是有窍门的。

总结一下，基本面投资的基本框架包括选股、验证、决策、跟踪，以及培养良好的投资心态和利用好各种资源。

第三章　股票投资常见的盈利体系

前面我们讲了盈利体系的核心内容，这里我们讲一讲几种最常见的盈利体系。

技术分析

技术分析因为简单易学、见效快，所以绝大多数个人投资者依靠技术分析来投资股票。

所有的技术分析都是建立在三大假设之上的。第一，市场行为包含一切。这句话的含义是所有的基础事件——经济事件、社会事件、战争、自然灾害等作用于市场都会反映到价格和交易量的变化中，特别是与一家公司收入、利润和未来业绩有关的所有信息都已自动反映在公司股票的价格和交易量上。第二，价格以趋势方式演变：价格会沿着原有的趋势继续运行，也就是说，价格正在上涨的股票会继续上涨，价格正在下跌的股票会继续下跌，而横盘整理的股票会继续盘整，直到趋势改变。第三，历史会重演：人们可以借助市场的历史信息和历史规律，对今后市场的变化进行推断预测。

技术分析有一定的合理性，它符合股票市场的信息传播机制：在股票市场，好消息（或者坏消息）总是少部分人先了解到，这些人会开始交易，这部分交易会反映在量价等技术指标上；与此同时，因为好消息（或者坏消息）并未被市场充分了解，股价并未完全反映好消息（或者坏消息），所以后面的投资者不需要知道好消息（或者坏消息）具体是什么，看见已变动的技术指标，就能跟着操作，同样能获利。

但对于世界上任何一个重要市场的主流投资机构来说,技术分析并非它们的主要工具和主要手段。为什么会这样呢?我个人认为主要原因是技术分析在理论基础和实践中均存在一定缺陷。

技术分析的三大假设并没有被主流学术界所接受

比如"市场行为包含一切",意味着只要出现某种技术指标或图形,不管股票是绩优的贵州茅台,还是要退市的乐视,它们今后一段时间的股价走势应该是一样的。这样的假设,很难被专业投资者所接受。

又比如"价格以趋势方式演变",技术分析强调在股价趋势确立之后买进股票,在既有股价趋势被打破之后才卖出股票。但我们观察到的现象是,市场的剧烈反转可能会突然发生,因此技术分析经常会错失良机。特别是窄幅波动的市场,等待趋势出来再进行交易,投资者会频繁追涨杀跌,增加交易成本。

再比如"历史会重演",如果某个技术指标或者信号是有效的,那么当越来越多的人了解到这个事实之后,会同时采取行动,那么这个指标或者信号就会失效,因为太多人同时采取了同样的行动。香港曹仁超说过一件往事,一位朋友当初在鲜有人知晓相对强弱指标(RSI)的效果的时候,凭此指标大赚特赚。但一年多后,同样的指标让其在半年内输掉了几乎所有身家。

在实践当中,单纯的技术分析在预测股价的实用性方面是存疑的

很多做技术分析的投资者会用"指标(策略)成功应用案例"来说明某个指标(策略)的有效性,但如果我们用这个指标(策

略)来做全样本回测的时候,经常会发现这个指标(策略)的成功概率和失败概率是一半对一半的。也就是说,技术分析经常用"成功案例"来证明有效性,但选择性忽略"失败案例"。我认识很多投资业绩很好的投资者,但几乎没有单纯依靠技术分析赚到大钱的。《漫步华尔街》(*A Random Walk on Wall Street*)这本经典著作也讲了一个有趣的现象。在华尔街还活跃着少量纯粹的技术分析师,但他们几乎没有人赚到大钱,问他们为什么还没有赚到大钱,他们的回答往往惊人一致:"我们没有严格按照技术指标来买卖。"

近几年,随着技术进步和量化投资的兴起,技术分析前景更加暗淡。因为技术分析的指标或者策略,很容易被编写成计算机程序,而计算机程序会连续监控量价等指标,并迅速做出反应。在监控指标以及自动决策上,人脑根本无法和电脑竞争。如果技术分析是有用的,那么技术进步和量化投资的兴起也会使它变得越来越无效。事实也是这样,量化投资在中国兴起的时候,一群从海外回来的基金经理,用电脑技术打败国内投资者,赚钱很轻松。但随着越来越多的高智商、精通电脑技术的人加入量化投资的行列,这几年量化投资赚钱也越来越难。

未来技术分析的发展方向,可能向"行为金融学"寻求理论支持,并和基本面分析做结合

行为金融学兴起于 20 世纪 80 年代。20 世纪 70 年代以来,有效市场理论逐渐在金融学中取得了主导地位,有效市场理论的一个重要假设就是"人是理性"的。但无数事实证明,人在很多时候、很多场景中,是不理性的。20 世纪 80 年代以后,金融市场的波动比较厉害,已经不能用资产价值的波动来解释,所以有效市场假设也受到了非常大的冲击，这时候行为金融学开始兴起，一批经济学家将心理学尤其是行为科学的理论融入金融学之中。行为金融学是一门新兴边缘学科，对传统金融理论的创新发展具有重要意义。行为金融学认为理性人假设是不现实的，这样有效市场理论的基石就不复存在。近年来，多位经济学家因为在行为金融学领域的卓越建树，获得诺贝尔经济学奖，如罗伯特·希勒（Robert Shiller）、理查德·塞勒（Richard Thaler）等。

为什么技术分析能在行为金融学中获得理论支持呢？我举一个简单的例子：技术分析指标的压力线和支撑线，就和行为金融学里的"厌恶损失"是分不开的。行为金融学发现：投资者在亏损1万元时痛苦的强烈程度，要远大于获利1万元时的高兴程度。这反映在股票市场中，某只股票在股价10元时有大量成交，当股价跌到8元再涨起来的时候，10元的价格就变成压力线；反过来，当股价涨到12元再回调的时候，10元的价格就变成支撑线。

我们看第一种情形，股价跌到8元时再涨起来，当涨到10元左右的时候，这时候很多原先亏损的投资者就拥有解套的机会。大部分投资者在忍受了亏损的巨大痛苦后，一看到可以不再亏损，就会如释重负地赶紧卖出股票，这时候10元就变成了压力线。

我们再看第二种情形，股价涨到12元再回调，在回调的过程中，先期获利的投资者会选择卖出兑现盈利。但当股价跌到10元的时候，卖出股票意味着"真实"亏损，这是很多投资者无法忍受的，这时候卖盘会突然减少，构成所谓的支撑线。

其实，股票该持有还是该卖出，只和股价的未来走势有关，而股价的未来走势和投资者成本没有任何关系，所以理性的投资者不应该根据自己的持仓成本和盈亏来做买卖决策。但行为金融学告诉我们，人是不理性的，人一定会根据自己的持仓成本和盈亏来做买卖决策。这时候，密集成交区的股价就构成了技术分析中的压力线和支撑线。

这只是一个把行为金融学和技术分析结合起来的简单案例。我想技术分析要摆脱非主流的地位，一定要找到自己的理论基石，完善自己的逻辑框架，而行为金融学或许是答案。

技术分析的另一个发展方向，可能是和基本面分析进行结合。比如我们前面说道，技术分析在信息传播机制上有一定的合理性：少部分投资者先了解到某一个好消息（坏消息），率先开始交易，这些交易会反映在量价等技术指标上，由于股价尚未完全反映好消息（坏消息），后面的投资者不需要知道好消息具体是什么，看见变动的技术指标，就能跟着操作获利。但在现实投资中，投资者如果没有用基本面研究加以甄别，单纯依靠技术分析的结论来操作，非常容易掉进垃圾股、题材股的陷阱。所以，投资者用技术指标来发现交易信号，用基本面研究来甄别信号（剔除风险极大的垃圾股），可能是很好的一种结合：假设我们通过技术指标发现某只股票持续被大单资金买入，通过基本面分析发现公司质地不错，那么按照这个技术指标来做交易，风险就小很多。但和投资者一般认为的"基本面选股，技术分析择时"不一样，我更倾向于认为"技术分析发现交易信号，基本面分析剔除高危垃圾股"，因为技术分析本身是偏短线的，在短线交易决策中起主导作用的应该是技术指标，基本面分析只能起到"剔除高危股票"的辅助作用。我们再往深处讲，就是买卖逻辑要自洽，"基本面选股，技术分析择时"的买卖逻辑是不自洽的，但"根据技术指标买卖（主导作用），通过基本面分析剔除高危垃圾股（辅助作用）"的买卖逻辑是自洽的，因为买和卖的决策都是依据技术指标做出的。

基本面投资

前面我们讲了"什么是股票"这个最基本的问题,如果把股票当成分享中国经济成长和上市公司成长的投资工具,我们就必须要用基本面投资体系。所以基本面投资的背后逻辑非常简单,即买股票就是买上市公司,这是基本面投资的核心逻辑。

我们来了解基本面投资的流派。大多数投资者喜欢用"价值投资"这个词语,基本面投资其实比价值投资的范围更广,它分为"价值投资"和"成长股投资"两大流派。我们来看一看两者的区别。

价值投资就是买入被低估的股票,等待价值回归

经济学中有两个词语,一个是价格,一个是价值,价格因为供求关系围绕价值上下波动。它有时会高于价值,但迟早会回到价值;它有时会低于价值,但迟早也会回到价值。所以基本面投资里的价值投资是什么?是买入价格低于价值的股票,等待价值回归。

这里有两个核心问题,第一个问题是什么是"低估",第二个问题是"被低估"的股价会不会回归价值。

股价低估有多种含义,一种叫相对低估,另一种是绝对低估。

相对低估是它的估值相对同类公司便宜。最常见的是市盈率相对同类公司较低,或者市净率、市销率相对同类公司较低,或者其他指标,例如市盈增长比率(PEG)相对较低。当然,这只是相对低估,不一定有安全边际,因为如果同类公司的估值都很高,尽管某家公司的市盈率相对更低,但其股价也有可能被高估。这种情形在 A 股市场经常出现。

绝对低估又可以分为两种情形，一种是低于净资产或者重置成本，另一种是低于内在价值。巴菲特说他在哥伦比亚大学学投资时，学到的最重要的知识就是安全边际。投资者买到"绝对低估"的股票，就有了安全边际。巴菲特早期投资股票的时候，最喜欢寻找股价大幅度低于净资产的股票。因为那时候股票投资是一个没太多人关心的小众市场，很多股票的价格低于它的净资产或者重置成本，市场上有很多"捡皮夹子"的机会，但当股票投资者越来越多时，这种机会就几乎没有了。

巴菲特后来的理念是：公司只要盈利能力强、成长性好且能持续，公司股价即使在短期内不便宜，比如股价远高于净资产，甚至市盈率也不低，或者股价低于公司的内在价值，这样的公司也可以买。

股价在大部分时间里是随机波动，很难预测的。股票的估值也不是一个精确的数字，而是一个模糊的区间。一只股票到底是值10.1元，还是10.2元，没人能精确告诉你。但是这只股票大概值多少钱，比如说8~12元，这是可以判断的。

如果这只股票值8~12元，现在的价格是5元，我们相信它迟早有一天会回到8元以上，这就叫价值回归。或者这只股票值8~12元，它现在的交易价格是25元，那我们相信它一定会跌下来。

对价值投资的人来说，寻找和等待的都是这种价值回归的机会。

我推荐大家读一读《投资最重要的事》（*The Most Important Thing Illuminated*）这本书。它是美国投资大师霍华德·马克斯（Howard Marks）写的，巴菲特对这本书推崇备至。书中有一个观点，是"钟摆理论"。钟摆往左边摆，摆到摆不上去时，就会开始往右边摆。A股市场也是一样，2005年跌到998点的时候，很多人觉得会跌到700点，但其实那时候A股市场整体市盈率就10倍多一点儿，而且还有股权分置改革"十送三"的预期。当时我能明显看到值 8~12 元的股票，股价已经跌到只有 4~5 元了，这时候"钟摆"大概率是要往回摆了。再比如，2015 年 4 000 点已经很高，"钟摆"大概率就要往回摆了，惯性冲高 5 100 点后，股灾就开始了。股灾发生的根本原因是股票估值太贵了，5 000 多点根本支撑不住。

讲到估值，很多专家、媒体都说我们 A 股市场的股票估值很低，之所以这么说，是因为曾经到过 5 100 点。而从基本面投资角度看，我们不能因为 K 线曾经到过什么地方，就简单判断目前点位贵不贵、便宜不便宜。我们假设把 2015 年年初的那轮牛市的 K 线抹掉，把股灾的那段 K 线也抹掉，就会看到：2014 年，指数最低的时候是 2 000 点，涨了大约 3 年，涨到 2017 年的 3 000 点。3 年涨了 50%，这属于牛市，你还会觉得便宜吗？一些人因为当中有一段疯牛市的 K 线，有一段股灾期的 K 线，因为曾经到过 5 100 点，就说 3 000 点便宜，这个逻辑是不对的。

我们再来看看价值投资的典型案例——贵州茅台，从 2010 年到 2016 年，贵州茅台的市盈率一直都不是特别高，维持在 10 倍到 30 多倍之间，除了 2014、2015 年两年业绩没有增长以外，剩下 5 年的平均利润增速达到 30% 以上。所以，贵州茅台就是典型的价值投资案例。

成长股投资就是寻找能持续高成长的公司，享受业绩和估值双重提升带来的获利机会

我们看一个公式：

市盈率 = 股价 / 每股盈利

倒过来是：

股价 ＝ 每股盈利 × 市盈率

成长股投资者认为决定股价的主要因素，不仅是每股盈利，还有市盈率的高低。所以，他们特别关注成长性，认为高成长性是能够支撑高市盈率的，当公司成长性高的时候，市场就敢给这家公司高估值。所以，一家公司的市盈率如果有 40 倍，从价值投资角度看是很贵的，但这家公司的每股盈利每年能保持百分之三四十的增长，这就不贵。

所以成长股投资的核心理念是，从静态估值看，股价已经不便宜，但如果其业绩有持续高增长的潜力，静态估值贵一点儿，也值得投资。

对于 A 股市场来说，很多股票可能适合做成长股投资，因为 A 股市场中的好股票，尤其是小盘股有一个特点——价格贵。你从价值投资的角度看，这些股票的价格太贵了，但如果这些股票成长性很好，就能够用成长性来弥补它静态估值偏贵的缺陷。

我们来看恒瑞医药，它是医药行业的一家龙头公司，它的市盈率没有低过 20 倍，高的时候达到 120 倍。我们如果用价值投资的理念去衡量，就会觉得它太贵。但是它上市近 20 年，保持着平均每年 25.9% 的业绩高增速，所以尽管市盈率每年都高，综合来看就不算高得离谱。这就是成长股，因为它成长性很好。

我们再来看莱宝高科。2008 年到 2010 年，受益于智能手机增长，公司业绩增长迅速，股价也涨了 10 倍。但 2011 年之后，随着行业竞争加剧，公司业绩出现下滑，股价也几乎跌了百分之七八十。

所以，成长股投资最大的风险是，当高成长性逆转后，股价可能会跌得非常厉害。

这里我介绍一个概念，是"戴维斯双击"，这个概念是戴维斯家族提出来的。

投资成长股，投资者一方面享受业绩成长的红利，另一方面享受估值上升的红利。前面我们说过**股价=每股盈利×市盈率**，每股盈利和市盈率都上涨，股价自然会快速上涨。但是，成长股的成长性一旦逆转，就会遭遇"戴维斯双杀"。每股盈利下跌，估值也下跌，这时候股价就会跌得很厉害。

我们将基本面投资的两大流派——价值投资和成长股投资进行比较得知，价值投资更看重现在，成长股投资更看重未来。所以价值投资者常说的一句话是"双鸟在林，不如一鸟在手"，指的是要看公司实实在在的业绩。而成长股投资的是远大的未来，一只股票尽管业绩很好，但市盈率只有10多倍，没有成长性，就不够有吸引力。

前面我提到的一个词语是"买卖逻辑自洽"，就是你买和卖的理由要逻辑一致。那么对价值投资来说，买入的理由是什么？低估。对成长股投资来说，买入的理由是什么？高成长。那什么时候卖出股票呢？对价值投资来说，是不再低估。对成长股投资来说是不再高成长。这并不是在比较价值投资和成长股投资孰优孰劣，两者都有其合理性。

价值投资最大的问题是，很多股票被低估是有合理原因的。比如银行股，市盈率只有七八倍。银行股估值之所以这么低，是因为谁都搞不清楚它真实的坏账有多少，虽然官方报道的数据是1.5%左右，但大家仍不敢买银行股。再比如，2012年宝钢的估值很便宜，但也不能买，因为行业已经在走下坡路了。

我人生中第一次买股票大概在1998年，那时候我研究生刚毕业，被某家证券公司录用。在这之前，我从没有接触过股票，想着要到证券公司工作，要体验一下买股票（那时候还没有《证券法》，没有禁止证券公司员工买股票的规定）。我买的第一只股票是四川长虹，那时候它是蓝筹股，市盈率非常低，结果我被这只股票套了很久。因为彩电行业当时经历了高速增长期后开始大洗牌，1998年之前长虹是一枝独秀，业绩非常好，市盈率非常低，1998年达到了它的历史高点，后面创维、海信等各种品牌崛起，把长虹比了下去。所以股票被低估不会是无缘无故的，往往有它合理的原因。

延伸阅读

价值投资就是买"低估值"股票吗

很多人认为，买低估值股票就是价值投资，对不对呢？

讲这个问题之前，我们先来看看什么是估值。一讲到估值，大家就觉得很难。其实我们在日常生活中，无时无刻不在做估值。比如我们买房子肯定会想，这所房子到底值不值这个价。我们买手机会想，选择苹果、小米还是华为，哪个更合算、性价比更高。这其实都是在做估值。无论是消费还是股票投资，估值的方法在原理上都是相通的。

那什么是低估值呢？低估值有很多衡量方法，最简单的是看股票的市盈率或者股票的市净率。在A股市场，确实有很多低市盈率或者低市净率的公司，股价都涨了不少。但我们要知道，这个世界上没有无缘无故的低估值，低估值背后往往是有原因的。宝钢一直以来估值都很低，2011年总市值只有1 000亿元左右。宝钢是中国钢铁行业的龙头公司，技术效率能比肩全球一流钢铁公司，而且仅它在上海的工厂、土地就不止1 000亿元。但没想到，宝钢股价就是长期低迷，最低的时候总市值跌到六七百亿元。要不是供给侧改革，宝钢股价估计还涨不起来。

宝钢估值为什么低呢？这和它的行业空间、行业发展前景有关。在过去很长一段时间里，整个钢铁行业产能过剩，所以即使宝钢的估值已经很低，但股价也很难上涨。这种情况，就是价值陷阱。所以究竟是"陷阱"还是"馅饼"，我们不能简单地看估值。再比如，我们看到银行股的市盈率和市净率都很低，就高兴地以为"天上掉馅饼了"，但这可能是因为银行潜在的坏账率很高，大家很难算清楚坏账有多少，这个"馅饼"就很可能是一个陷阱。

巴菲特在他的早期投资中，继承了老师格雷厄姆（Graham）的投资思想。格雷厄姆是一个深度价值投资者，他坚持一定要买估值非常便宜的股票。在格雷厄姆时代，估值非常便宜的股票，往往是净资产打对折，甚至打三四折的股票，这种股票"掉在地上都没人要"。按巴菲特的说法，买入这种股票相当于捡"烟蒂"，你可以在地上找到还能吸一口的烟蒂，捡起来点上后就可以免费吸一口。

但是当股票投资越来越普遍，投资群体越来越成熟时，这种捡到价值被严重低估的股票的机会也就越来越少了。这时候巴菲特遇到了芒格（Charlie Munger）。芒格对巴菲特最大的影响是，他说服巴菲特，宁愿以合理价格买入伟大公司，也不要以低廉价格买入平庸公司。所以巴菲特在中后期买的股票都是基本面非常好的伟大公司，而不是估值非常便宜的平庸公司。从长时间来看，这样的优秀公司，经历时间的洗礼，穿越股市的牛熊，给他带来了非常丰厚的回报。

A股市场也是一样。我们现在讲价值投资，并不是简单地找低估值的股票，而要结合公司未来的成长空间、公司的核心竞争力和护城河来分析。如果你用很低的价格买进某家公司的股票，但这家公司的基本面有重大瑕疵或者基本面在不断恶化，你就会陷入"价值陷阱"，会亏钱。投资者只有将公司的成长性、竞争力和公司的合理估值相结合，才是价值投资。

当然，在价值投资中，估值是非常重要的。在用估值指标的时候，投资者需要注意3点。

第一，估值必须和未来可持续的复合增长率匹配，也就是说，投资者要找到估值和成长性合理匹配的公司。

第二，投资者计算估值时要剔除非经常性损益的影响。很多公司的盈利里有一些非经常性损益，比如一次性出售房地产的收益，这类收益要剔除掉，特别是在用市盈率估值的时候。

第三，投资者要注意财务造假的可能性。如果盈利都是假的，那估值就完全没有意义了。

成长股投资也一样，成长股投资最大的风险是什么？高成长性一旦兑现不了，股价会跌得很厉害，就如前面提及的莱宝高科。

从效果上来看，价值投资相对来说更稳健，成长股投资相对来说有更高的收益和更高的风险。价值投资和成长股投资的区别见表3-1。

表3-1 价值投资和成长股投资的区别

	价值投资	成长股投资
着眼点	现在	未来
买入理由	低估	高成长
卖出逻辑	不再低估	成长出现拐头
风险	低估有理由	成长逆转或被证伪
效果	稳健复利	高收益、高风险

当然，价值投资和成长股投资在很多情况下是很难分清楚的。比如投资者普遍把贵州茅台当作价值投资的典型案例，但贵州茅台

的成长性一点儿都不差,2010年至2016年,即使在有特殊情况的那两年,贵州茅台的年平均业绩增速也能达到23.8%。贵州茅台到底属于价值投资还是成长股投资呢?它确实很难被归类。所以,有时候大家会用"价值投资"来统称基本面投资,我觉得也是合理的。本书有时候也会用"价值投资"来泛指基本面投资。

但不管怎么说,基本面投资的核心是"买股票就是买企业",这是最根本的逻辑。另外,做基本面投资的人一般会采取"买入持有"策略,持股周期一般都很长,就像巴菲特说的:"如果你不想持有一只股票10年,那你就一分钟都不要持有。"现实中,10年或许太长,但2~3年对基本面投资来说,是最基本的持股周期。

讲了这么多,大家可能会问基本面投资为什么能够战胜市场,为什么能够取得超额收益。

我觉得主要有几个原因:提供安全边际,买卖逻辑自洽,避免了追涨杀跌和过度交易,且基本面投资在中国不拥挤。

第一,基本面投资讲究安全边际。什么叫安全边际?通俗一点儿说,你买的股票的价格便宜、合理,就有安全边际。价格便宜永远是投资的王道。不管买什么资产,房子或股票,价格便宜才安全。基本面投资特别重视估值,且只投资有安全边际的股票。

第二,基本面投资讲究投资逻辑,买卖逻辑要自洽。逻辑自洽是买一只股票和卖这只股票的逻辑要一致。举个例子,我们如果因为估值低而买入一只股票,当这只股票估值不再便宜的时候,我们就要考虑是否卖掉。我们如果因为成长性好而买入一只股票,当这只股票成长性变差的时候,我们也要考虑是否卖掉。那些因为基本面好而买入,过两天又因为某个技术指标而匆匆卖出某只股票的投资者,通常是做不好投资的,能做好投资的一定是买卖逻辑自洽的投资者。

第三，基本面投资能够让投资者避免追涨杀跌，避免过度交易。个人投资者最容易过度交易。2015年投资者的交易佣金和印花税各约2 500亿元，加在一起是5 000亿元。1亿投资者人均5 000元，如果人均资产10万元，那就是5%，也就是说仅佣金和印花税就让投资者亏了5%。但基本面投资不会这样，持股周期相对很长，投资者很少追涨杀跌、过度交易。

第四，在中国做基本面投资的人不多，所以更有机会成功。大家看问题要有辩证思维，中国A股市场有投机性，投资者大多数搞技术分析，竞争激烈且容易亏损。如果做基本面投资，你就可能盈利。反过来，如果这个市场很成熟，像现在的中国香港和美国市场，大家都做基本面投资，效果就不会太明显，也很难战胜指数，这时候你应该做什么？我建议做指数投资。

前面我们讲技术分析的时候，说技术分析不为主流投资机构所认可，很重要的一个原因是大家对技术分析的三大假设的理论基础不认可。那么基本面投资呢？如果我们假设市场是完全有效的，那么不管技术分析还是基本面投资都不能取得超额收益。市场完全有效的前提有信息是完全充分的、人是完全理性的，这些假设在现实中都很难具备，正因为这样，股市才常出现定价错误，"价格偏离价值"，这时候就有基本面投资的用武之地。

前面我们还说道，量化投资的兴起会让技术分析面临越来越大的挑战，那么技术进步和量化投资是否也会让基本面投资变得无效呢？我想这一天有可能会到来。但至少在可以预见的未来，我们可以对公司的商业模式、发展前景进行判断和预测，人工智能等技术还无法战胜人脑，量化投资还不能替代主动投资。

基本面博弈

前面我们讲了技术分析和基本面投资,两者可谓泾渭分明。在现实当中,还有一类常见的盈利体系,我把它叫"基本面博弈"。

为什么叫"基本面博弈"?因为如果将它归类于技术分析,它关注的东西、用的语言都和基本面相关,比如它会关心经济形势、政府政策、公司盈利等基本面因素;如果将它归类于基本面投资,它的持股周期并不长,往往只有几个月,很少超过1年,和基本面投资的"买入持有"策略有很大差异。"基本面博弈"这一称呼,表明它用的是基本面的语言,但本质上是一种博弈。

在基本面博弈中,最常见的是主题投资策略和轮动策略。

主题投资策略

主题有点儿类似大家常说的"题材",主题投资是通过挖掘对股票市场有较大影响的因素,对潜在受益的行业和公司进行投资的一种策略。但和纯粹的题材炒作或者概念炒作不一样,主题投资依赖于对基本面的判断,寻找有较大概率能兑现业绩高增长的投资机会,延续的时间周期可能较长,而题材炒作或者概念炒作则完全是资金推动的短期炒作,基本上是"昙花一现"。

主题投资的特点在于它并不按照一般的行业划分来区分股票,而是将驱动经济发展的**某个因素**作为"主题",以此来选择地域、行业、板块或个股。比如大家熟悉的"一带一路"倡议、PPP(政府和社会资本合作)、互联网+、人工智能、5G等主题。这些主题,一般都围绕当时的政策或者热点展开。2011—2016年主题投资类型见表3-2。

表 3-2　2011—2016 年主题投资类型

年份	主题
2016	PPP、险资举牌、"一带一路"倡议、半导体
2015	互联网+、"一带一路"倡议、虚拟现实/增强现实、新能源汽车
2014	国企改革、"一带一路"倡议、自贸区扩围、新能源汽车
2013	自贸区、新型城镇化、去 IOE、O2O、土地改革
2012	金融改革、科技、节能环保、文化兴国、智能电网
2011	物联网、移动互联、云计算、交通信息化、金融电子

在某种程度上来说，主题投资接近于成长股投资，因为大家都会投资想象空间大、成长性高的板块或公司。但两者的区别也是很明显的。

比如，适合的公司发展阶段不一样。一般来说，主题投资更适合早期的产业。正因为早期，所以想象空间大、无法在短时间内证伪，投资者对收入和利润的要求相对没那么高，或者产业内竞争不那么激烈，率先进入这个产业的公司能取得不错的利润。随着产业演进，产业内公司充分竞争，公司盈利能力经常会出现一个阶段性低点，兼并重组开始出现，部分经营不善的公司甚至退出产业，集中度开始提升，龙头公司盈利能力也逐步回升，出现所谓的成长股投资阶段。这个阶段的投资期限长达 5～6 年，甚至更长，如图 3-1 所示。

在具体的投资方法论上，主题投资和成长股投资也有很大区别，见表 3-3。

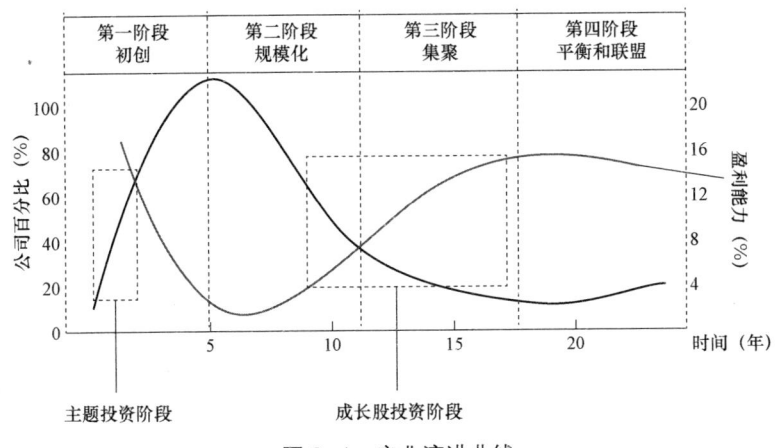

图 3-1　产业演进曲线

表 3-3　主题投资和成长股投资的区别

	主题投资	成长股投资
业绩维度	业绩成长空间	现实业绩增长
成长阶段	萌芽期和初期	渗透率提升期
证伪证实	逻辑完美、不被证伪即可	需要经营数据证实
持续时间	2周~1年；被证伪后主题破灭，若兑现则转为成长股投资	投资期在2~5年，甚至更长
股价推手	无业绩，估值快速提升	业绩提升，估值稳定或下降
操作维度	前瞻性强、博弈性强	趋势清晰，注重长期价值
泡沫程度	短期爆发后容易出现泡沫，往往不看估值	有估值中枢，不易偏离太远

在 A 股市场投资，主流机构一般会选择哪些主题进行重点投资？什么样的主题是优质的主题？以下是几个标准。

第一，主题选择要高大上，具备想象空间。选择的主题想象空间越大，越能引起市场的参与热情。比如 2015 年的互联网+主题，想象空间就足够大。反过来共享单车这样的主题，想象空间就小很多。

第二，主题容量要足够大。主题相关的标的股票要能容纳足够多的资金，如果太小，就不能吸引主流机构资金大规模参与。例如虚拟现实这样的主题，涉及标的有限，主流机构的资金就很难大规模参与。

第三，主题要能被普通投资者理解并关注和传播。一个能被普通投资者理解和传播的主题，较容易形成市场热点并扩散，太专业的主题只能由少数专业机构参与，很难形成大行情。

第四，主题持续的时间要足够长，特别是较长时间内难以被证伪。主题相关的股票要有兑现业绩增长的可能，至少这种可能性要短期内无法被证伪。太容易被证伪的主题，也很难形成大行情。

轮动策略

所谓轮动策略，是根据宏观经济景气周期、行业盈利周期、股票市场变动趋势等因素，轮流选择不同板块、不同行业、不同风格股票进行投资的策略。

在轮动策略中，最有名的当属"美林时钟"。"美林时钟"，可以帮助投资者识别经济周期，并通过转换资产来获利。

"美林时钟"理论按照经济增长与通胀的不同搭配，将经济周期划分为4个阶段。

（1）"经济上行，通胀下行"构成复苏阶段，此阶段由于股票对经济的弹性更大，其相对债券和现金具备明显的超额收益。

（2）"经济上行，通胀上行"构成过热阶段，此阶段由于通胀上升，增加了持有现金的机会成本，可能出台的加息政策降低了债券的吸引力，股票的配置价值相对较强。

（3）"经济下行，通胀上行"构成滞胀阶段，此阶段现金收益率提高，持有现金最明智，经济下行对企业盈利的冲击将对股票构成负面影响，债券相对股票的收益率提高。

（4）"经济下行，通胀下行"构成衰退阶段，此阶段通胀压力下降，货币政策趋松，债券表现最突出，随着经济即将见底的预期逐步形成，股票的吸引力逐步增强。

"美林时钟"的经济周期和投资策略如图3-2所示。

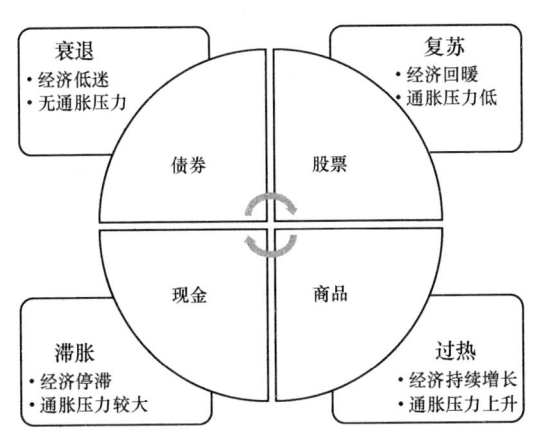

```
衰退                  复苏
·经济低迷            ·经济回暖
·无通胀压力          ·通胀压力低

     债券    |   股票
    ─────────┼─────────
     现金    |   商品

滞胀                  过热
·经济停滞            ·经济持续增长
·通胀压力较大        ·通胀压力上升
```

图3-2 "美林时钟"的经济周期和投资策略

在股票市场中，轮动策略可以进一步分为以下方法。

板块轮动：根据大的经济周期，在成长、消费、周期、金融地产等大板块之间进行择时投资。

行业轮动：根据不同行业的不同景气周期，在行业之间进行择时投资。

风格轮动：根据股票市场的变化趋势，在不同风格之间进行择时投资，比如大小盘风格轮动、成长价值风格轮动等。

以上的技术分析、基本面投资和基本面博弈是三大类盈利体系。在股票投资中，投资策略是非常多的，比如套利策略、相对价值策略、波动率策略等，这些相对比较复杂，和普通投资者有点儿远，这里就不一一展开了。

第四章 与时俱进发展自己的盈利体系

前面我们讲了构建盈利系统的重要性、盈利体系的基本内容和基本流派等,接下来我和大家谈一谈如何构建并不断优化自己的盈利体系。

"知—择—行",构建自己的投资体系

投资是一个概率游戏,没有战无不胜的常胜将军,但长期来看,有的人能赚到大钱,有的人却亏得倾家荡产,差异就在于投资成功的人,他们都有自己的盈利体系。股票投资中,有很多流派,各有各的赚钱方法,正所谓"条条大路通罗马"。但仔细分析,你会发现,有的路距离最短,却陡峭难行;有的路平坦舒适,却距离遥远;有的路风光旖旎,却陷阱重重;**而有的路,曾经是康庄大道,却因为泥石流,不再是路。**

面对这种情况,我们要用"知—择—行"3个步骤来构建自己的盈利体系。

首先,我们来讲讲第一个环节"知"。

投资者构建自己的盈利体系,首先要了解市场、了解自己,找到最适合自己"通往罗马的道路"。如果你是一位年富力强的小伙子,那么那条距离最短但陡峭难行的道路可能是你的首选;如果你是负重前行的中年人,那么那条平坦舒适但距离遥远的大路可能最适合你;如果你是探险家,那么那条风光旖旎但陷阱重重的道路可能是你的首选。**但无论如何,你不要去选择那条已经被泥石流冲垮的路。**

在这个过程中，你先要清楚自己的能力圈和风险承受能力。能力圈包括你的专业背景、知识结构等。风险承受能力包括你的年龄、你的收入状况、投资股票的金额占你收入和其他资产的比重等，其中特别重要的是你投资股票的资金期限。因为资金越稳定、期限越长，你承受风险的能力越强。

你还要形成对股票市场的正确认知，特别是对股票市场发展趋势的正确判断。前面我们说了，从2016年开始，中国资本市场进入市场化、国际化、法制化的新发展阶段，中国资本市场的投机理念、投资风格正在发生根本性的变化，基本面的作用越来越大。如果你不能认清这样的趋势，停留在老经验、老方法上，你的投资会有危险。

其次，我们来讲讲第二个环节"择"。

当你对资本市场趋势、自己的能力圈和风险承受能力有了比较系统的了解之后，接下来就是选择一套适合自己的盈利体系。就像我们前面说的，条条道路通罗马，没有最佳的道路，只有最适合你的道路。

在建立自己的盈利体系之前，**你要了解各种盈利体系的适用性**。有的盈利体系适合没有大涨大跌的平衡市，有的则适合大幅震荡的波动行情；有的适合价值风格盛行的行情，有的则适合成长风格盛行的市场。

此外，你还要了解各种盈利体系的风险度，知道它们的弱点，以及可能面临的风险和亏损程度。

之后，你还要评判，你建立的盈利体系和你的能力圈及风险承受能力是否匹配。

各种策略和方法所要求的技能是不一样的。对基本面投资来说，财务分析、产业分析、估值分析等技术不可或缺。对技术分析来说，

K线、趋势这些知识非常重要。还有时间上的"能力圈",而有的方法论对盯盘要求很低,特别是长期价值投资,大家基本上不需要看盘。但有的方法论,需要你时时刻刻盯着盘面,随时准备决策、交易。此外,各种策略和方法的盈利和风险程度也是不一样的。比如,巴菲特的长期价值投资体系,虽然给他带来丰厚的回报,但他买入的股票,可能在很长时间内都不涨,甚至会出现大幅度下跌,但巴菲特认为只要公司基本面没有恶化,他就能承受股价的巨大回撤。如果你没有巴菲特这样的耐心和对阶段性亏损的承受力,价值投资体系可能就不适合你。各种偏博弈的策略,尽管见效快,但安全边际小、风险大,并不适合风险承受能力低的投资者。

在建立盈利体系的过程中,你也许会问,能不能博采众长,基本面的学一些,技术面的试一试,吸取它们的优点,不就能取得更好的投资回报了吗?我对这个问题的看法是:当然可以,但你要把不同方法和策略,内化、统一成一个新的"逻辑合理、概率验证、可执行"的盈利体系,而不是今天觉得基本面有用,就用基本面,明天觉得技术分析见效快,就做技术分析。

最后,我们跟大家讲一讲第三个环节"行"。

在投资中,**最难的是"知行合一"**。在实际投资中,你遇到的最大挑战是,当你的投资方法论遭遇困难,特别是投资非常不顺的时候,你开始对自己的盈利体系产生怀疑和动摇。这时候你该怎么办?**这时我们要有良好的心态,并坚持自己的体系。**股价每天涨涨跌跌,你的盈利体系也不能保证你永远赚钱,如果心态不好,自己的心情跟着股价剧烈波动,那股票带给我们的就不是财富,而是无穷的烦恼,甚至是对身心健康的损坏。如果你一遇到困难、亏损,就放弃自己的体系,那么你永远不会成为成功的投资者。

但良好的心态和坚持的前提,是你对自己盈利体系的信心。只有这样，面对股价下跌，你才能保持冷静、镇定，用逻辑化、结构化的方法论去应对（见第八章正确应对"黑天鹅"部分）。面对股价非理性下跌，你才能做到"别人恐惧我贪婪"，否则就会陷入盲目自信和"死捂股票"的陷阱中。

"**与时俱进**"要求我们经常回顾和评估自己的方法论是否满足市场的发展趋势，以及自己是否真正执行了既定策略。如果市场已经发生根本性的变化，而自己的方法论已经不适合这种变化，那么我们就要修正自己的体系。前面我们说过，随着资本市场的发展变化，有些曾经很赚钱的策略变得不再有效，比如炒重组、炒 ST（被进行退市风险警示的股票）、炒绩差股等。为什么？因为中国资本市场越来越规范，越来越向成熟市场靠拢，这是一个不可逆的变化。在这个过程中，尽管市场风格还会有反复，有些非理性炒作还会出现，但大趋势已渐渐形成，即使会反复，但大趋势已定。

所以，在"行"这个环节，我们有太多的事情要做，有太多的困难要克服，但**最重要的是"知行合一"和"与时俱进"**，这是既矛盾又统一的辩证体。同时，这也是一个"知—择—行"不断循环，波浪式前进且不断提升的过程。

股市新常态下，基本面投资体系的重要性

在大家构建盈利体系的过程中，我特别想强调基本面投资的重要性。

在 A 股市场，很多人投资股票，只看技术指标，这在以前可能很有用。但我想告诉大家，A 股市场和中国经济一样正在进入新常态，在这样的背景下，基本面的作用会越来越大。

我为什么说 A 股市场进入新常态呢？原因有以下几个。

第一，中国经济进入新常态。首先，中国经济从高速增长阶段进入中速增长阶段，以前动辄8%甚至10%以上的高增长率一去不复返，取而代之的是6%甚至更低的增长率。其次，结构优化、结构升级取代速度增长，成为中国经济的主旋律。在新常态下，发展质量取代增长速度成为首要关注的问题，内需取代外需成为首要推动力，生态环境保护越来越被重视。我们曾经做过一个分析，每个经济发展阶段，都对应了不同的股市特征。比如2003—2008年，重工业相关的公司中的牛股很多，因为那时正好是中国加入WTO（世界贸易组织）之后的重工业化阶段。2008—2013年，消费股、医药股独领风骚，因为从那时候开始，消费在经济增长中的作用越来越大。2013—2018年，技术公司和消费公司比翼齐飞，因为这段时间除了常青树消费股，一批有高科技含量的公司开始崛起，成为股市宠儿。所以中国经济进入新常态，必然会对资本市场产生相应影响。

第二，上市公司发展进入新常态。中国经济处于高速增长阶段的时候，各行各业都有较大的成长空间，各行各业的公司都面临较大的发展机遇，在这样的背景下，很多小公司能在百舸争流的竞争中，做成大公司，成长为巨无霸。但随着中国经济进入中速增长，很多产业的增长空间变得有限，产业的竞争格局变得相对固化，行业内更多是"存量竞争"的状态。这时候行业内的龙头公司往往形成了其他公司无法逾越的护城河，正是因为它们具备护城河，竞争地位才相对稳定，小公司就很难获得逆袭的机会。与此同时，中国股市开始进入"良币驱逐劣币"的阶段。以前中国市场经常出现"劣币驱逐良币"的现象，原因包括：一是信息不对称。很多消费者不了解产品品质，只看价格是否足够便宜，所以很多公司通过以次充好来降低成本，认真做高质量产品的公司反而吃亏。而互联网时代，产品一旦发生质量问题，很容易被传播开，这会倒逼公司注重产品质量，以次充好的现象大幅度减少。二是有些企业牺牲环境获得成本优势。以前一些企业，通过牺牲环境来降低成本，把规范经营的企业打败。现在环保力度越来越大，大企业在环保投入上更有规模优势。三是消费者不注重品质，只看价格。这种现象随着消费升级也正在发生改变。正因为前述变化，中国渐渐形成"良币驱逐劣币"的好趋势。四是资本市场开始出现"良币驱逐劣币"现象。随着信息披露越来越透明，监管越来越严格，造假公司越来越无法遁形。同时，随着资本市场越来越成熟，定价机制越来越有效，好公司越来越容易获得好估值和资本青睐，差公司逐步被边缘化。

第三，股市环境进入新常态。前面我们说道，市场化、国际化、法制化正在深刻影响着中国股市的生态，推动中国股市越来越健康地发展。在这样的背景下，A股市场的投资理念、投资风格一定会越来越向成熟市场靠拢。

在中国股市进入新常态之后，基本面在投资体系中的作用会变大。我们前面已经说过，很多原来有效的投资策略在新常态下，变得不再有效，以前很多投资者还能靠炒小盘、炒题材、博重组赚钱，以后这些策略可能都要失效。

那什么策略会继续有效？基本面投资。

基本面投资为什么可复制？投资的目的是盈利，追求长久、可持续的盈利。所以我们选择价值投资，用价值投资的可复制性来维持盈利的可持续性。而价值投资可复制的根本原因，是价值投资逻辑简单，交易不拥挤。

价值投资的核心逻辑是寻找"好赛道+好公司+好价格"的股票（具体参见本书"投资的 2.5 分原则"部分），其需要考虑的变量相对较少，而且变量相对稳定、相对容易把控。而其他很多投资方法论，影响决策的变量特别多，比如宏观经济、大宗商品价格、汇率和美国经济等多种"重要但难以预测"的因素。投资者考虑这些因素的难度更大，成功更多靠运气，而不是靠体系和能力。

价值投资看上去很简单，但为什么追随巴菲特的投资者如此之多，做到的却寥寥无几呢？因为价值投资需要极强的忍耐力：对股价回撤的忍耐力，对股价长期不涨的忍耐力。在A股这样的浮躁市场，能做到的人很少，但这恰恰给真正的价值投资者创造了机会。

我们要珍惜A股市场当下的龙头公司，它们是A股的稀缺资源，也是中国的核心资产。特别是当它们估值还相对便宜的时候，我们不能不把握，而非要找"黑马"，结果可能是捡了芝麻丢了西瓜。

第二部分

基本面投资的盈利体系

前面我们向大家介绍了盈利体系的基本组成内容："选股—验证—决策—跟踪"四大环节。在这一章，我们会详细给大家讲讲这四个环节具体如何操作。

在讲之前，我想先简单谈一谈什么是好股票。

对基本面投资来说，好股票的标准可以用"好赛道+好公司+好价格（估值）"来概括。"好赛道"是指公司所处的行业发展空间大、竞争格局好，就像巴菲特说的"投资就像滚雪球，首先你要找到一条又湿又长的雪道"。如果一家公司所处的赛道不好，公司再优秀也没有用，比如一些夕阳产业，或者一些被颠覆的产业，这些产业的公司竞争力再强，也很难赚到大钱。"好公司"就是赛道中最具竞争力的公司。我们投资股票，最终投的是公司，一定要找到具备竞争力和护城河的公司，如果不能找到，即便赛道很好，公司也很难做大。"好价格"是指估值合理甚至足够便宜，这样买入才有安全边际，投资者才能获得好的投资回报。

当然，在现实投资中，我们要找到完全具备"好赛道+好公司+好价格（估值）"3个条件的股票很难。对于这一点，我自己深有体会，并总结出了"投资的 2.5 分原则"，第三部分将会详细讨论，这里就不展开了。

第五章 选出潜力好股票的"7 种武器"

A 股上市公司数量接近 4 000 只，任何一家机构想要对近 4 000 只股票进行覆盖研究，都是不可能的。即便在中国这样的证券市场，有这么多家券商、研究所，有研究报告覆盖的公司数量也不超过 2 000 家，也就是说，A 股市场还有将近 2 000 家上市公司是没有任何机构研究的。对个人投资者来说，要对全部公司进行研究更不现实。个人投资者资金量小，一般选 8～10 只股票放进投资组合就足够了，我们怎么样才能从这茫茫股海中选出有投资价值的股票呢？有没有行之有效、普通投资者能学会的选股方法呢？这里我要向大家介绍能选出潜力好股票的"7 种武器"。

讲"7 种武器"之前，我想强调一点，"7 种武器"只能大幅度缩小你的选择范围，只能初选出潜力好公司，但用这 7 种方法初选出的股票还不能直接买入，还需要"深度验证"。

第一种武器：跟着券商研报选股

提到券商研报，很多投资者往往会有这样的反应："券商研报是机构用来骗个人投资者的，我才不上当。"

听到这样的回答，作为曾经管理券商研究所 10 多年的前研究所所长，我一方面深感责任重大，因为社会对券商研究所还存在这么大的偏见，说明工作没有做到位；另一方面也深替个人投资者感到惋惜。在国外，像高盛（Goldman Sachs）、摩根士丹利

（Morgan Stanley）、瑞银（UBS）等券商的研究报告只有机构投资者才能看到，个人投资者要花很大代价才能读到。但在中国，券商研究报告在互联网上"满天飞"，我们只要学会一些基本技巧，就能极大提高投资效率和投资业绩，但可惜很多投资者不重视、不珍惜。

我们的媒体经常用某研究员的研究结论如何离谱的文章标题来吸引读者，所以大家印象中的券商研究报告非常不靠谱。

那么券商研究报告真的是骗个人投资者的吗？我可以确切地告诉大家，不是的，券商研究员的报告是落于文字的，如果写报告的目的是骗个人投资者，那他早就身败名裂，证监会也早就找他谈话了。

研究报告的作用是什么？对于我们个人投资者来说，不可能有足够的精力和财力去对每家公司都做深入调研，所以想要快速了解一家公司的情况，研报是最好的工具。学会阅读研报，你就有机会找到潜力牛股。

相亲时，常有介绍人，券商的研究报告就相当于这个介绍人的角色。介绍人了解的和介绍的情况不一定准确，这就像研报也可能出错。但不管怎样，券商研报是非常有价值的。投资者迷信研报，完全跟着研报买股票是不行的，但把研报当作机构骗个人投资者的工具，更是大错特错。学会正确使用研报，你的投资将事半功倍。

很多投资者不懂如何使用券商研究报告，我结合我自己在研究所的多年管理经验以及投研经历，可以告诉大家一些基本方法。这些基本方法被我归纳为"三看两不看"。

哪"三看"呢？一看基本情况分析，二看推荐逻辑，三看财务预测。

具体说来，我们看券商研究报告时，一要看研究员对行业、公司基本情况的介绍分析。我们在做基本面投资前，有很多行业和公司的基本情况需要了解，比如行业上下游关系、行业空间、行业竞争格局，以及公司的发展战略、公司的市场份额、公司的竞争力等。这些如果全部由我们自己去研究，会花费大量时间和精力，而券商研究报告一般会包括这些方面的内容，所以，阅读券商研究报告能帮助我们节省大量时间和精力。

二要看券商研究报告的推荐逻辑。推动股价上涨和下跌的因素很多，但每个阶段的主要股价驱动因素是不一样的。比如，一个阶段决定股价的主要因素是新产品上市后的销售情况，而一段时间之后，决定股价的主要因素可能变成了主要原材料的价格情况。这些因素，个人投资者自己是很难去识别和判断的，所以要看券商研究报告的推荐逻辑。

三要看券商研究报告对上市公司的未来财务预测。财务预测很重要，因为股票投资看的是未来。有了财务预测，我们才能判断公司的未来成长性如何，以及公司估值是否合理。但做财务预测，涉及很多重要判断和复杂的财务建模知识，普通个人投资者很难完成，但券商研究报告能够提供比较专业的财务预测。

"两不看"，就是不看券商研究报告的目标价和评级。很多人会诟病，券商研究报告总是标出"买入"评级，结论并不客观，这确实是券商研究报告的一个问题。以前华尔街也是这样，进入21世纪，相关机构对研究报告的监管加强了，情况有所好转。

当然，还有一个原因，我们很多研究员太年轻，容易受到市场情绪的影响，给出不客观的结论。我印象最深的一件事情是，2015年4月，A股行情走高，投资者情绪亢奋，很多研究员也跟着市场兴奋，给出的逻辑和结论完全脱离客观标准。我在朋友圈有感而发，表达对年轻研究员判断的担心。没想到,不到两年,只过了两个月,股灾就来了,那些跟着市场兴奋的研究员惨遭打击。

有个人投资者朋友跟我说:"3 000 多只股票,我不可能一一去研究,但研报那么多,我哪里看得过来?"数据显示,从 2008 年到 2017 年,市场上每年的研报数量从 4.4 万份攀升至 25.8 万份,涨幅超过 5 倍。2018 年以来,平均每天有 700 份研报。对于我们投资者来说,如何精选出有价值的研报呢?下面是我选择研报的几个小窍门。

第一,我们要选择深度报告来看。一般来说,大部分研报都是跟踪性的报告,一般是两三页。这种报告,大多是研究员例行公事,甚至是为了凑工作量写的。比如上市公司发布了销售数据,披露了中报,券商就会发布相应的研报,进行点评分析。这样的研报往往没有太多信息。那什么样的研报算得上深度报告呢?一份深度报告首先表现在页数上,页数越多,一般越有深度。其次,研报一般都有标签,如果你看到"深度报告""首次报告"等字样,一般都是深度报告。研究员为了写一篇深度报告,往往需要几周甚至几个月的时间,既然花了这么长时间,内容的含金量当然更高。最后,深度报告涉及的股票是好股票的概率同样更高,因为如果研究员觉得股票一般,随便写几页就可以,何必花几周、几个月写几十页的报告呢?

第二,研究员对盈利预测或投资评级进行调整的报告,我们要重视。一般来说,研究员对一只股票的盈利预测和投资评级是很慎重的,不会随意改变。所以,当研报对投资评级或者盈利预测进行调整,往往意味着研究员观点的变化,可能存在"预期差",也就是存在市场没有意识到的机会,这是投资者发现潜力牛股的大好机会。这种报告,我们需要及时关注和了解。

第三，如果有关某公司的报告很久都没有，突然有一篇报告发布，而且是深度报告，这样的报告我们要特别关注。这往往意味着这家公司之前长期被市场忽略，而这种股票很可能是大家最喜欢的"黑马"。人人都在说、都在研究的东西，很少有"预期差"，股价基本反映基本面，所以我们从中获利的机会反而小。而冷门公司，因为关注的人很少，我们反而有捡漏儿的机会。现在股票数量越来越多，快到 4 000 只了，即越来越多的股票没有人研究，所以捡漏儿的可能性在增加。

第二种武器：跟着财报选股

巴菲特说过，要找到好公司，就去读财报。股神巴菲特居住在奥马哈，远离华尔街，不和华尔街分析师沟通，不懂得使用电脑，不关心每天的 K 线走势，日常工作中最重要的部分就是阅读上市公司的财报。巴菲特说："我阅读所关注公司的财报，也阅读它们竞争对手的财报，这些是我最主要的阅读材料。"

财报是望远镜，可以俯瞰全局；财报是显微镜，可以洞察入微；财报更是照妖镜，可以发现公司造假的蛛丝马迹。而公司公布的定期报告少则几十页，多则几百页，光财务指标就多达数百种，哪些才是最重要的指标呢？内容中哪些才是最核心的段落呢？

首先，我跟大家讲一讲，如何利用财务指标的组合选出潜力好公司。

财务指标有好几百种，我们都去看，是不可能的。根据多年的经验，我最看重 3 个指标。

一是净资产收益率，它代表企业的赚钱能力。

在企业中，资产就是鸡，利润就是蛋。一只母鸡值不值钱，要看它的下蛋能力，也就是公司的赚钱能力。净资产收益率越高，意味着企业的赚钱能力越强。A股的净资产收益率均值现在在7%至8%之间，所以一家公司的净资产收益率能达到15%就不错了。

在A股市场，那些长期牛股，都是净资产收益率长期保持很高水平的公司。2009—2018年股价表现最好的公司的平均净资产收益率见表5-1。

表5-1 2009—2018年股价涨幅靠前公司的平均净资产收益率

证券名称	2009—2018年涨幅（倍）	平均净资产收益率（%）
华夏幸福	53	37.5
长春高新	22	22.4
片仔癀	20	19.7
伊利股份	19	25.4
美年健康	18	10.6
通策医疗	17	20.9
爱尔眼科	15	22.4
中天金融	15	9.3
阳光城	14	20.8
浪潮信息	14	11.6
古井贡酒	13	9.2
科大讯飞	13	18.2
国睿科技	13	15.3
万丰奥威	13	10.3
三安光电	13	26.8
紫光国微	12	9.4
恒逸石化	12	19.0
大华股份	12	21.6
中航机电	12	23.8
生物股份	11	33.8

资料来源：市场公开信息。

在逻辑上，一家公司的净资产收益率越高，公司越应该被给予更高的估值（市净率）。但A股市场以前一直存在定价扭曲现象，很多能长期保持高净资产收益率的公司，市场给它们的估值反而不高；反过来，一些净资产收益率很低的公司，市场反而给它们很高的估值。这种定价错误给了价值投资者很好的投资机会。有一种策略在这两年很流行，是"净资产收益率/市净率"选股法，逻辑很简单，就是选择高净资产收益率、低市净率的股票做组合，效果很不错。

东方证券研究所的一篇研报《净资产收益率再思考：找出便宜景气的好公司》曾做了"净资产收益率/市净率"策略的简单历史回测。它从2007年3月至2017年3月，在每季度净资产收益率大于15%的公司中，选取每季度净资产收益率/市净率处于整体前10%的公司纳入投资组合。投资收益情况见表5-2。

表5-2 高净资产收益率策略的收益回测　　　　　　　　　　（单位：%）

	每季度净资产收益率前10%策略回测收益	每季度市净率后10%策略回测收益	高净资产收益率/市净率策略历史回测收益
2007-03	60.83	22.37	86.66
2007-06	-1.22	-10.38	-4.29
2007-09	-21.68	-2.1	-17.39
2008-03	-42.49	-41.13	-45.61
2008-06	-34.39	-28.68	-30.8
2008-09	98.1	110.88	113.9
2009-03	9.08	12.81	19.62
2009-06	22.42	19.25	23.32
2009-09	8.02	16.22	-0.01
2010-03	3.16	-4.95	-0.19
2010-06	17.48	13.02	21.82
2010-09	-4.58	2.87	-4.05

长期的力量

续表

	每季度净资产收益率前10%策略回测收益	每季度市净率后10%策略回测收益	高净资产收益率/市净率策略历史回测收益
2011-03	-2.81	-11.37	-7.97
2011-06	-11.95	-5.06	-4.92
2011-09	-4.7	-0.84	3.05
2012-03	-8.27	-11.7	-14.07
2012-06	3.21	3.72	5.49
2012-09	10.2	7.02	18.61
2013-03	12	23.8	-0.66
2013-06	1.12	2.4	6.39
2013-09	-1.96	2	-9.24
2014-03	14.22	19.05	13.98
2014-06	11.49	19.83	16.34
2014-09	65.66	100.12	90
2015-03	-18.35	-21.24	-17.67
2015-06	11.54	5.95	5.11
2015-09	-1.68	-3.53	6.13
2016-03	12.58	7.38	8.78
2016-06	4.52	3.32	-0.33
2016-09	-0.86	7.27	8.37
2017-03	4.37	9.79	20.14
年化收益率（%）	12.07	15.60	19.33
本利和（起始以100计）	324.49	447.18	621.04

以上回测数据显示，将盈利能力和估值相结合的"净资产收益率/市净率"选股法确实是一种简单有效的选股策略。

二是经营性现金流，它代表企业的盈利质量。

对上市公司来说，公司产品的销量很不错，利润也很好，但是你看到现金流量表时，发现利润并没有带来真金白银，这样的利润很可能有水分。所以上市公司的经营性现金流（流入额或净额）很重要，直接反映公司盈利质量的真实情况。

盈利质量是经营性现金流净额与净利润之间的关系。一般来说，公司的经营性现金流净额和净利润的比大于1，表示盈利质量高，反之，则表示盈利质量较差。我们也可以用经营性现金流入额和公司的销售收入的比值，来考察公司的盈利质量。在实际交易中，由于赊账情况的产生，实际产生的经营性现金流入额要小于销售收入。两者的比值越接近1，就说明公司资金回笼的速度越快，反之则会造成大量资金的挤压。

乐视是曾经的大牛股，受过很多人的热捧，但如今的乐视，却被投资者抛弃。究其原因，盈利质量是其主要的经营风险和投资风险之一。

2016年乐视的经营性现金流净额为-10.7亿元，与2015年的8.8亿元相比，大幅下滑。公司的解释是增加了账期。从账面上看，公司2016年非现金性的应收账款确实从2015年的33.5亿增加至2016年年底的86.8亿。但我们研究乐视的财务报表不难发现，公司的营收规模长期显著高于经营活动产生的现金流，盈利质量不算高，而现金流状况也从2016年起显著恶化，到2017年二季度，乐视资金链面临崩溃，账上的现金只够员工10天的工资。乐视2015—2017年部分财务数据见表5-3。

我们如果能够识别乐视的盈利质量和现金流问题，就可以提前

表5-3 乐视2015—2017年部分财务数据

乐视	2015年	2016年	2017年
营业收入（亿元）	130.1	219.8	70.9
经营活动现金流入（亿元）	100.4	146.3	54.5
经营活动产生的现金流净额（亿元）	8.8	-10.7	-26.0
净利润（亿元）	2.2	-2.2	-182.0

资料来源：市场公开信息。

避开乐视暴跌的投资风险。投资者以此为鉴，可以避免重蹈覆辙。

三是市盈率，它代表估值的合理性。

我们一直说"好股票=好公司+合理估值"。我们如何判断估值是否合理呢？最简单、最重要的指标是市盈率。

现在A股市场平均市盈率不高，很多公司的市盈率处于历史低位，但有些公司的市盈率还是偏高的。有些个人投资者喜欢看绝对股价，或者把现在的股价和历史高点的股价相比，来判断股价是否便宜，这是不对的。昔日大牛股四川长虹现价每股两元多，贵州茅台现价每股600多元，相差几百倍，但我们不能得出"两元多的就便宜，600多元的就贵"的结论，因为贵州茅台的市盈率比四川长虹还要低。当然，估值是一件很复杂的事情，绝对不是看看市盈率就可以的，后面会详细讲，这里不再展开。

我曾经做过一个简单的财务指标选股策略，就是用"净资产收益率—经营性现金流—市盈率"3个指标筛选股票组成组合，效果还是不错的。我用了这组财务指标选股：过去3年净资产收益率连续高于20%，过去3年经营性现金流/净利润大于1，最新市盈率不超过25倍。最后，我只选出了12只股票。而这12只股票，是好公司股票的概率就很高了。如果我们从 2010 年开始，一直用这个策略选股票做投资，收益率非常不错，能远远超越指数，也能跑赢大部分基金。这说明，用一定的财务指标组合选出的股票，大概率是不错的，能够成为深度研究和验证的目标股票。

当然，还有一些指标也能反映公司的经营情况，比如预收账款，这个指标是评估公司竞争力和行业最重要的动态指标。

我们看贵州茅台的预收账款，2012 年年报是 50.91 亿元，到 2013 年一季报减了约一半，到中报又减少了，见表 5-4。这个时期的预收账款就明显反映了公司的白酒业务因为相关规定，进入了调整期，公司的股价也是一直下跌。到 2015 年，贵州茅台的预收账款达到了 82.62 亿元，明显是调整结束的信号，而公司的股价在 2015 年触底反弹，之后股价涨幅也是非常惊人的。

表 5-4　贵州茅台预收账款

贵州茅台预收账款（亿元）	2012 年一季报	2012 年中报	2012 年三季报	2012 年年报	2013 年一季报	2013 年中报	2013 年三季报	2013 年年报
	57.72	40.45	37.47	50.91	28.67	8.35	19.42	30.45
	2014 年一季报	2014 年中报	2014 年三季报	2014 年年报	2015 年一季报	2015 年中报	2015 年三季报	2015 年年报
	16.21	5.44	8.63	14.76	27.91	23.37	56.06	82.62

资料来源：市场公开信息。

除了财务指标，财报中文字部分的重要信息也不少，而管理层的经营情况讨论与分析可以说是整个财报文字部分的核心内容。接下来，我给大家讲一讲如何利用财报中的"管理层讨论"选出潜力好公司。

财报中的"管理层讨论"主要包含公司管理层对公司过去一年

经营情况的概述,以及管理层对未来的行业分析和战略规划。图 5-1 是圣农发展 2017 年年报的管理层讨论内容的截图。

> (二) 行业情况概述
>
> 2017 年,根据畜牧业协会统计,<u>全年鸡苗、毛鸡等销售价格持续低于成本价格,鸡肉销售价格也不容乐观,全年白羽肉鸡行业整体亏损较为严重。</u>
>
> 受 2017 年白羽肉鸡行情低迷的影响,与年初相比,年末父母代鸡总存栏量减少了近 40%,<u>父母代场的养殖积极性遭受较严重打击,行业提前淘汰现象较为明显。</u>另一方面,受我国对美、法等国实施祖代鸡引种禁令(截至本报告披露日,该禁令仍未解除)的影响,祖代鸡引种量持续处于低位,从 2015 年的 72 万套左右、2016 年的 65 万套左右到 2017 年的 67 万套左右,<u>行业被迫去产能、去库存效果显著。2018 年白羽肉鸡供给仍然存在较大缺口,这一缺口将受制于白羽肉鸡自身生长周期的影响,国内白羽肉鸡供给难以在几年内恢复到正常需求水平,为行业回暖提供了动力。</u>

图 5-1 圣农发展 2017 年年报管理层讨论的部分内容
资料来源:圣农发展 2017 年年报。

从讨论中,我们可以得出如下结论。

(1) 2017 年白羽肉鸡行业处于严重亏损,2018 年大概率会出现业绩反转,同时业绩向好的可持续性会相对较强。

(2) 白羽肉鸡行业未来几年大概率处于高景气状态。

从公司 2018 年一季报对 2018 年上半年业绩预告可以看出,公司业绩的确存在反转迹象,印证了前述说法。后来的发展证明,圣农发展 2018 年的利润出现 300% 以上的增长,股价也取得不俗的表现。

所以在阅读"经营情况讨论与分析"部分时,我们要特别注意所使用的带有情感色彩的修饰词,比如"明显、很难、严重、困难"等。这些修饰词往往体现出经营者对行业或者公司所处状态好坏的判断。

第三种武器:跟着聪明钱选股

股票市场上总有这样一些资金,它们能在资本市场上先知先觉,赚取很好的投资回报。这类资金被我们称为"聪明钱"。聪明钱一般来自专业机构，包括社保基金、保险资金、外资，以及知名的公募基金、私募基金的资产等。"春江水暖鸭先知"，我们要学会跟聪明钱选股，才能获得不错的回报。对于普通投资者而言，我们没有足够的财力和精力去做深度研究，对政策、趋势的把握不够专业和精准，决策的准确度和效率也不够高。但如果我们跟着这些聪明钱去发掘投资机会，会事半功倍，提高投资绩效。

说起聪明钱，很多人都觉得只能通过上市公司季度报表才能获得它的踪迹，这时候再行动是不是太迟了？聪明钱持股被披露后是不是要骗个人投资者接盘？

这里我先给大家介绍聪明钱的特点，然后解答大家的疑惑。那么，聪明钱有哪些特点呢？

（1）政策洞察力强。聪明钱团队往往和决策层保持紧密沟通，并对国家各种政策进行持续跟踪。简单来说，大机构对宏观政策面的把握比普通投资者更为深刻。

（2）团队实力强。聪明钱团队的研究、风险控制、投资等流程的分工有序，团队的专业知识和实践经验也是个人投资者所不能比的。所谓"好汉难敌四手"，就是这个道理。

（3）偏好行业龙头，偏好大而美公司。由于资金庞大，聪明钱偏向选择规模大、流动性强、盈利能力强的大而美公司。如果市值很小，难以容纳大资金，这样的股票就很难进入机构的核心股票池。

（4）长线投资。聪明钱的资金规模、资金性质决定了团队要做长线投资，大机构的持股周期一般都在2~3年以上，而我们个人投资者往往是追涨杀跌，能持股几个月就不错了。

（5）逆向投资。聪明钱团队利用人性的贪婪、恐惧和欲望，往往会做出"在市场萧条时进场，在市场繁荣时出场"这种逆向操作的决定。而普通投资者往往会因为贪婪或恐惧，采取追涨杀跌的方式，让操作处于被动局面。

正因为聪明钱是偏好大而美公司、长线投资、逆向投资，所以季度报告即使披露它们的情况在时间上有些滞后，但同样具有参考价值，因为聪明钱的风向代表着政策、市场的风向。站在巨人的肩膀上，我们才能看得高、走得远。特别是长线牛股，一两个季度的滞后，在它们的长期股价走势中，根本就可以忽略不计。

市场上的机构数以千计，它们都是聪明钱吗？当然不是，坦率地说，很多机构也追涨杀跌，投资能力和个人投资者也差不多。那大家一定会问，市场机构如此之多，哪些机构才是聪明钱呢？要回答这个问题，我建议看机构的长期业绩，如果一家机构的长期业绩出色且稳定，那它就有可能是聪明钱。我们做过系统的数据分析，发现A股市场中合格境外机构投资者的钱和社保基金属于聪明钱，而普通公募基金并不能显著战胜市场。2010—2018年机构持股组合的净值表现如图5-2所示。

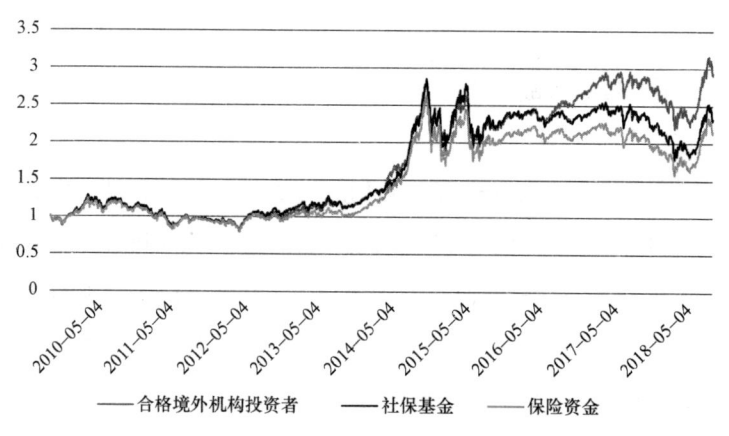

图 5-2 2010—2018 年机构持股组合的净值表现
资料来源：市场公开信息。

合格境外机构投资者是各类机构中业绩最好的。2005年的时候，大家谈股色变，非常悲观。但那时候，我参加一些境外机构的会议，他们觉得A股市场非常有吸引力，想早点儿进场。我当时就感慨，A股市场真是"冰火两重天"！事实证明，这些外资机构的看法是对的，股市随后就迎来了超级大牛市。我以前在券商服务一些合格境外机构投资者，当我们去拜访客户的时候，他们会带着歉意跟我们说："不好意思，我们换手率太低了，没给你们创造多少佣金收入。"为什么？这些合格境外机构投资者一旦看中某只股票，就会长期持有。它们的换手率一年不到1倍，有的合格境外机构投资者甚至强制性规定一年换手率不能超过1倍，否则基金经理就要被警告，还要写说明。这些说明，合格境外机构投资者是坚持价值投资、长线投资的。反观国内的机构，很多基金的换手率在3~4倍以上，这还是价值投资吗？

接下来，我跟大家谈一谈社保基金，社保基金经常在市场最低迷的时候入市。比如，2005年年中和2008年年末，社保基金在两轮股市底部抄底，并在A股市场的相对高位减仓。根据2017年年报，社保基金自成立以来的年均投资收益率为8.44%，累计投资收益额达到万亿元。其中，这笔最聪明的钱持股华东医药长达10年之久，股价至今的涨幅已经超过900%。社保基金宣称"不会采取短期投资行为，不会依靠股市的大起大落炒作盈利"。如果我们跟随这样的"投资高人"选股，必然胜过自己随意看K线就决策的投资。

我们找到聪明钱之后，是否就能闭着眼睛跟着买呢？答案是否定的。聪明钱只是帮助大家快速找出潜力好公司，至于是不是好股票、能不能买，大家还需要用其他方法验证。

第四种武器：跟着"内部人"选股

大家看到标题的第一反应可能是：跟着"内部人"选股？有内幕消息？这是不是违规违法啊？我们讲基本面盈利体系，当然不会让大家做违法违规的事情。我们跟着"内部人"选股，是指利用公开信息来选股。

公司内部人士最清楚公司的经营情况，所以内部人，特别是大股东、高管等的大规模增持、回购行为，通常会透露重要信息。仔细甄别，这些公开信息就可以为我们所用，作为选股的重要参考。这种内部人的消息，完全是公开信息。我们跟着他们选股，不仅不是违规操作，而且很有效。

所以，当公司大股东、高管增持自家股票或者回购自家股票时，我们投资者就要密切关注。因为这通常表明公司内部人认为公司的股价已经被低估。基于对公司经营情况的了解，对公司后期发展的信心，他们才会增持、回购自己公司的股票。这样，他们不仅能维护自家股票价格的稳定，还能获取不错的投资收益。

不论是美股、港股，还是A股，从历史经验来看，高管和股东大规模增持、回购股票，都出现在股市行情低迷时。所以回购、增持潮来临，往往是牛市的起点。

当然，并不是所有内部人的增持、回购都是利好，投资者可以格外关注以下几点，仔细甄别增持、回购是信号还是噪声。

第一，我们要分析增持的动机。

识别内部人增持、回购的动机很重要。主动式增持、回购是内部人认为公司股价被低估，看好公司的发展前景，此时释放的信号是积极的。而被动式增持、回购，则可能是公司担心股价下跌引起质押爆仓的风险，想通过拉高股价来避免，或者刺激员工离职、辞职，此时释放的信号就不一样了。

第二，我们需要关注增持、回购的金额或比例。

从增持、回购公司股份金额或比例来看，增持、回购股份占总股本金额越大、比重越高，对公司股价的影响越大，信号传递的积极性越明显。比如，2016年的2月24日至12月30日，海康威视的公司总经理及高管在同一年连续7次大额、大比例增持自家公司股份，这极大提振了广大投资者的信心，再加上2016年、2017年公司不错的业绩增长，海康威视的最高涨幅将近300%。

第三，我们要结合基本面进行分析。

投资要看长远，所以公司的基本面，如所处行业的前景、公司竞争力、估值等因素也非常重要。比如，前面说到的海康威视的案例，内部人不断增持，与此同时，公司安防业务高速增长，加上估值便宜，股价便"一飞冲天"。

这类基本面良好的公司拿出大资金，进行大比例增持、回购，信号积极性明显，更容易提振投资者信心，从而可能获得更多的关注和机会。2018年年底，市场中主动增持、回购的多为化工、医药生物、家电、机械设备和轻工制造等行业的股票，很多公司的行业前景、公司基本面都不错，投资者可以密切关注。

在跟着"内部人"选股的过程中，我们要注意以下风险。

第一，我们要注意雷声大、雨点小的增持、回购。A股市场中那些只有上限没有下限的增持回购计划，我们要警惕，因为这些计划基本都不靠谱。例如，某公司在2015年公布回购A股股份的方案，回购总额不超过100亿元。令人意外的是该公司最终只回购了1.6亿元，仅占公布的回购规模100亿元的1.6%。同样的案例在A股市场并不少见，投资者要注意这种情况。

第二，我们要注意假增持、假回购。有些公司发布股份增持、回购计划，只是为了刺激股价上涨，吸引个人投资者入场，打着增持、回购的名号抬高股价，然后减持获利。比如某公司大股东2019年2月公布增持，计划增持金额不低于1亿元，6个月过去了，没有增持的公告，关联股东却悄悄减持，累计减持700万股。

第三，我们要格外注意公司的基本面，如果公司的基本面已经恶化，不管内部人是何种意图去增持、回购公司股票，我们都应该绕道，避开风险个股。

总之，跟着"内部人"选股，是一个不错的发现潜力好股票的方法。但就像我们前面说的，投资者不能因为公司宣布增持、回购计划，就跟着买股票，我们还需要结合增持、回购的动机、金额、条款进行分析，最重要的是要结合公司基本面情况做出判断。

第五种武器：跟着生活经验选股

跟着生活经验选股，靠谱吗？很多投资者可能会产生这样的疑问。其实，依靠生活中得来的经验选股，有助于我们对股票基本面的判断，它甚至能帮助我们在选股中战胜专业投资者。

彼得·林奇是一位卓越的投资大师，他管理的麦哲伦基金曾一度成为规模最大的基金，并且获得了非常惊人的回报。林奇在《彼得·林奇的成功投资》（*One Up on Wall Street: How to Use What You Already Know to Make Money in the Market*）、《战胜华尔街》（*Beating the Street*）等书中，讲述了不少根据生活经验发现好公司的案例。

林奇在20世纪70年代早期做证券分析员时，对纺织行业有相当深入的了解，他参观了许多纺织工厂，花了很多时间和精力研究纺织行业的上市公司，却没有发现蛋牌（L'eggs）这个畅销的连裤袜品牌。但是他发现妻子疯狂地迷上了蛋牌的连裤袜，妻子的疯狂让林奇感到惊讶，他开始研究这家公司。

林奇经过研究发现：生产商以前是在百货商店和专卖店销售产品，但女性顾客通常很长时间才进一次百货商店或专卖店，但是每周都会去超市。而蛋牌这家公司在超市试销产品并大受欢迎，该公司的连裤袜最终成为全美最畅销的连裤袜，也是20世纪70年代最赚钱的新产品之一。而蛋牌的股票，也为林奇带来了丰厚回报。

"众里寻他千百度，蓦然回首，那人却在，灯火阑珊处。"像这样在日常生活中发现大牛股的机会，在林奇的职业生涯中出现过很多次。这并不需要投资者具备很强的专业能力，而一般投资者甚至比专业投资者更容易发现类似机会。

下面，我要跟大家谈一谈如何依靠生活经验来选股。

首先，我们要做生活中的有心人。我们用心留意日常生活，会发现那些超级大牛股其实就在我们身边。比如，2008年，街道、十字路口、企业和工厂等都安装了摄像头。想必很多人会想到监管更严了，开车要小心。如果你有心的话，你就会发现摄像头这门好生意。海康威视、大华股份等安防设备公司，从2008年到2013年，业绩实现了10倍的增长，公司股价在二级市场实现了超过30倍的上涨。再比如，有的投资者逛超市，会习惯性地看某些产品的生产日期和保质期，如果生产日期很近，说明产品很畅销；如果保质期很近，说明产品卖得不好。这些来自生活经验的信息，有时候比财报更加直观、及时。

其次，我们要坚持能力圈原则。我们有五原则，其中一个是"能力圈"原则，即坚持在自己的能力圈内做事情，不参与自己看不清、把握不住的股票投资；不轻易预测市场，因为大部分时间市场是不可预测的，不要把投资逻辑建立在对宏观经济预测、油价预测之上。

彼得·林奇做证券分析员时，对纺织行业做了大量的研究和调查，所以在发现蛋牌连裤袜非常畅销之后，后期的研究分析对他来说就不是什么难事。每一个人都有自己擅长的领域。比如，市场在热炒比特币和区块链时，有些人在基本概念都不清楚的情况下，就被别人短期高额的回报而吸引，纷纷拿出自己的积蓄投向比特币、区块链市场，最后亏损严重。所以，如果某一行业、某一事物已经超出了你的认知或理解范围，即便你在日常生活中发现了相关的畅销产品，我也建议你不要去触碰，坚持做自己能力圈内的事。

最后，我们要学会区别信号和噪声。对于股票投资来说，信号是真正能影响公司基本面的因素，噪声则是无关紧要的假信号。如果你判断一个事情是信号，并且市场还没有反应，那这个时候可能就是买入的好机会。在股票投资中，我们要会甄别信号和噪声。我们从日常生活中能得到很多信息，对这些信息同样要区分是信号还是噪声。

就拿贵州茅台来说，2014年年初，市场普遍预期悲观，但是我们从经销商处得到的一手信息表明贵州茅台已经复苏。在确定贵州茅台复苏这个信号后，我们就开始观察这个信号在市场上有没有反应。当时贵州茅台的股价还处于低位，这就是明显的买入机会。

总之，生活中的衣食住行都隐藏着潜力牛股，如贵州茅台、涪陵榨菜、格力电器、美的集团、白云山、吉利汽车等。我们要做生活中的有心人，坚持做自己能力圈内的事情，区分好信号和噪声，很多牛股正在等着被挖掘。

当然，彼得·林奇还说过，不能因为简单喜欢某种产品而投资某只股票。更重要的是，我们要做系统的基本面研究以及估值分析。

投资是一个系统性的工作,投资者不能单独将某个指标或信息作为投资决策的依据。就像我们一直说的:"要想投资获利,你必须要有一套适合自己的投资体系。"

第六种武器:跟着新闻选股

接下来,我给大家介绍如何从新闻中选股。可能有人会质疑,那些经过层层渠道才到我们手机、电脑和电视里的新闻,都已经是全国乃至全世界都知道的信息,还具有参考价值吗?答案是肯定的。我们还可以这样说,学会看新闻,是每个投资者必备的一项技能。

在投资实践中,以下几类新闻值得投资者格外关注。

第一,国家政策类新闻需要格外关注,因为政策对行业、市场可能有非常重要的影响。比如,国家 2015 年 11 月就开始提出和讨论"供给侧改革",而供给侧改革强调的是环保、产业升级和去产能,对改革力度最大的水泥、煤炭行业影响深远。所以此时投资者应该将注意力转向改革行业的龙头公司,因为龙头公司拥有规模、资金和技术的优势,会是供给侧改革的直接受益方。同时,投资者需要及时避开落后公司,因为它们竞争力较弱,受供给侧改革的冲击会很大。正是在供给侧改革的背景下,水泥行业龙头公司海螺业绩大增,涨幅超过 100%。

2013 年,国家开始讨论在上海建立自贸区,这属于公开信息。面对这样的大事,由于当时股市还处于低迷期,整个市场将信将疑,相关股票长期没有很好的表现。但这件事情正式落定之后,外高桥从 14 元涨到 60 多元,给提前买入的机构带来非常丰厚的回报。当然,后来市场非常关注类似新闻对股价的影响,甚至股市出现了"炒地图"的情况,但也失去了获得超额收益的机会。

第二，国家领导人调研考察类新闻需要格外关注，因为这表明国家对某公司、行业的重视。比如，2017年12月，十九大后，国家领导人首次调研考察徐工机械，并提出要高度重视并发展壮大实体经济。在新闻发布的次日，公司股价连续大涨。当然，股价的短期变动更多是受消息刺激。我们再看公司的基本面，从披露的2018年的半年报来看，公司业绩实现了高速增长，营业总收入同比增长60%以上，归属母公司净利润同比增长100%。

第三，行业性新闻需要格外关注，因为行业格局的变化也会带动一大拨机会。医改的新闻，相信大家都很关注，因为涉及千家万户的切身利益。从2015年开始，国家关注"以药养医"问题，要降低药品收入占医院总收入的比例，这就会对医院和药房的行业格局产生巨大影响。因为医院无法像以前那样给药品加价出售，导致医院售药动力大大下降，医院处方开始逐渐外流到大型连锁零售药店企业。而作为连锁零售药店的龙头企业之一，益丰药房的收益就很明显。从公司数据看，公司近5年复合增长率达到28%，股价自政策提出，涨幅也达到160%左右。

同样是每天晚上7点的《新闻联播》，全国乃至全世界的人都能收看到，但每个人接收的投资信息却差异巨大，区别在哪里？

一是区别信号和噪声的能力。

在互联网时代，我们每天从手机、电脑、电视上接收的大量信息里，大部分是噪声，而非信号。什么是噪声？是那些对公司基本面没有重要影响的事件。比如屠呦呦因为发现青蒿素获得诺贝尔医学奖，复星医药生产一点点儿青蒿素，股价就涨停。但我们稍微分析可知，屠呦呦获得诺贝尔医学奖，对复星医药的利润几乎没有任何影响，你就知道这是噪声，而不是信号，涨上去的股价很快就会跌下来。所以我们要学会区分噪声和信号。

二是判断股价是否已经提前反应的能力。

有些新闻，尽管对公司的基本面影响很大，但如果这个新闻早已被多次报道、人人皆知，而且股价已经因为人人皆知而提前反应了、涨到位了，这时候即使你看到了这个新闻，也不能将其作为买入的依据。

三是从 A 推导出 B 的逻辑推理能力。

有些新闻，直接来看和某家上市公司并没有关联，但却可能对这家上市公司的基本面产生重要影响，这需要投资者具备一定的逻辑推理能力。

这里举例说明。2015 年到 2017 年，房地产市场非常火爆，万科 A 3 年的股价涨幅将近 200%。而富有经验的投资者在接收到房价不断上涨、销售量不断突破新高的新闻时，关注点不能只停留在房地产公司，房地产的后周期企业，如家具、家电等也是潜在关注重点。从数据看，同时期家电行业的格力电器涨幅高达 180%，家具行业的索菲亚涨幅高达 270%。再比如，油价的上涨、下跌不仅会对石油公司有影响，对上游、下游企业也有着举足轻重的影响。2014—2016 年的油价下跌，间接有利于下游航空公司的发展。如南方航空在油价下跌、成本下降、利润增厚的情况下，3 年的股价涨幅高达 350%。而 2018 年以来的油价上升，除了直接带动中国石油业绩的翻倍增长以外，间接有利于为开采石油提供设备和服务的海油工程、杰瑞股份等油服企业，这些企业在 2018 年都出现了订单量大增和业绩复苏的情况。

所以，根据新闻选股，投资者需要长期的知识积累和高度的敏感性，这样才能洞察其中的机会。

第七种武器：跟着专业投顾团队选股

在股票市场，券商研究所专门服务于基金等机构客户，普通投资者很难获得它们的直接服务。但股票市场中有专门服务于普通投资者的投顾机构，用好这些机构的服务，投资者也能提高投资绩效。但我知道，很多人一听到投顾机构，可能心里就会想："骗子，我才不上当！"我很理解大家的想法，确实有很多投顾机构把自己包装成"股神"，鼓吹自己的卓越历史业绩，骗取投资者的服务费和咨询费。

这种"一颗老鼠屎坏了一锅汤"的现象，确实让正经的专业投顾机构百口莫辩。为什么正规的、专业的投顾机构竞争不过那些忽悠机构呢？原因有以下几个。

一是越专业、规范的投顾机构，在营销上越注意尺度，不愿意做过度包装的事情；反过来，那些忽悠机构在包装和宣传上的尺度很大，容易让普通投资者买单。所以，投顾行业是一个"劣币驱逐良币"的行业。

二是投顾服务和其他领域的服务不一样。其他领域的服务，比如乘车、洗衣、理发、就餐等，服务一结束，你就能评价服务是否专业。但投资理财不一样，你需要很长时间才能知道服务机构和服务人员是否真的专业。正因为这样，在投资理财领域，不诚实的人很容易冒充专家。在投资领域，区分专业人士和江湖骗子，有时候真的很难。我认识的业绩出众的投资人，大多不善言辞，且谨小慎微，不敢对市场发表太多见解；反过来，很多业绩很差的投资人，常常口若悬河，对市场分析得一套又一套。把两种人放在一起，大部分人会觉得后者有真本事。

所以，在这里我要为专业投顾机构做"宣传推广"，也告诉大家如何区分专业投顾和忽悠投顾。这也就是我要给大家介绍的发现好公司的第七种武器：跟着专业投顾团队选股。

股票投顾市场通常有两大派：一派是传统的投顾服务，另一派是机构研究服务。传统的投顾服务，比如券商营业部的投顾服务和投资咨询公司的投顾服务；而机构研究服务，大多指的是研究所为专业机构提供的服务。投顾和研究员有什么区别呢？投顾和研究员之间的差别，就像全科医生和专科医生的差别。

传统的投顾，能回答任何股票问题，但他们对每个行业仅了解皮毛，就像我们生活中的社区全科医生，医术不精，能医治常见的小病，但是针对性不强，对疑难杂症束手无策。

机构研究服务，不同研究员负责不同行业，比如食品饮料行业的研究员，只研究食品饮料股票，化工行业研究员只研究化工股票。他们对自己行业的细分领域都深入跟踪研究，就像我们生活中的医院专科医生，只看自己专业的病症，在自己专业内是专家。

比如，你对某只股票感兴趣，但不确定是不是能买入，你就可以问投顾。投顾不管你问的是什么股票，不管是电子的、化工的，还是白酒的，他看了看K线，再看看基本面数据，就能告诉你这只股票价格要突破还是要下跌。当你问某研究员这只股票的时候，研究员大概率会回答你："对不起，这只股票不属于我的研究范围，我不太了解。"研究白酒行业的研究员绝对不会回答电子股票的问题，但你如果问白酒行业研究员关于贵州茅台的问题，那他的回答绝对专业。

中国投资者有上亿人，即使是熊市，活跃投资者也有数千万人，这么庞大的投资者队伍，对投顾服务的需求可想而知。然而机构提供研究服务的"专科医生"，通常只服务于机构客户，因为只有机构客户才支付得起昂贵的"专家挂号费"。所以大量的小资金体量个人投资者的投顾需求就落到了投顾身上。同时，由于投资者体量庞大，吸引了大量不法分子。他们盯住这一市场，打着"专业团队""投顾服务"的旗号，忽悠投资者，让很多投资者深受其害。

有些人可能会问，为什么这些"股神"推荐的股票的价格也涨得不错？比如一个"专家"今天给1 000个手机号码分别发送不同的股票，第二天发现有一只股票的价格涨得不错，就继续给收到这只股价涨得不错的股票的投资者再发送不同的股票。连续发送3天，这1 000个投资者里可能会有10个连续3天收到了股价涨幅不错甚至是涨停的股票。这个"专家"在这10个投资者眼里就变成了百战百胜的"股神"，他们可能就会交学费学习"专家"操作。后期投资者的亏损一旦变大并无法收场，这个所谓的"专家"可能就会消失，换个手机号或者换个微信号重新发送信息。

所以在选择投顾服务的时候，投资者要擦亮双眼，因为天上不会掉馅饼，不要轻易被"高额收益"蒙蔽双眼。服务团队所在公司持有证监会颁发的证券投资咨询执照，服务人员拥有投顾职业编号，这是投顾提供服务的基本要求，投资者也可以据此排除一大批冒牌投顾。

但即便是有证持牌的投顾，如果没有专业研究团队的支撑，也是做不好投顾服务的。就像我们前面讨论的，有些投顾机构只有几名投顾，背后没有强大的专业研究员团队支持，他们只会技术分析，热衷于追逐市场热点，没有能力对公司基本面做严谨分析，那么这样的投顾机构最多是"社区医院"，治感冒、打针可以，疑难杂症就治疗不了。所以，我们看投顾公司专业不专业，首先可以了解它有多少专业研究员，从研究员数量上就能大致判断这家公司的实力。

其次，投顾机构是否专业，我们可以从它所提供的产品和服务来判断。投资者选择投顾服务，是希望投顾推荐股票。市场上的一些投顾公司，把自己包装成"股神"，在电台、微信、微博上做广告，号称跟着它们就能发现黑马、牛股。但事实上，它们如果真有这么神奇，还需要通过投顾服务来赚钱吗？所以，我对投顾的理解是：投顾虽然也可以推荐股票，但绝对不是推荐黑马、牛股，而是帮助投资者做资产配置和构建投资组合。这和单纯推荐股票有何区别？有3个重要区别：一是专业的投顾服务是帮助客户做好资产配置并构建股票组合，而不是单纯推荐某只股票。二是在构建股票组合的过程中，投顾要充分了解客户的风险承受能力，帮助客户构建适合自己、匹配自己的股票组合。也就是说，投顾应该为不同投资者匹配不同的股票组合。举个例子，一位退休的投资者，投顾就不应该给他配置过于激进的股票，而是应该优先配置低估值、高分红的股票；反过来，一位年轻的投资者，投顾可以给他多配一些进取的成长股。三是在资产配置和构建组合的过程中，投顾一定要坚持"长期投资"原则，而不是短线博弈。所以，你如果看到一家投顾公司的产品和服务，是以短线交易和推荐黑马、牛股为主，不妨离它远一点儿。

最后，我们可以通过看投顾公司如何宣传自己的产品和服务，来判断投顾公司的专业程度。越是实力强、运作规范的投顾公司，越是不会过度宣传，它们的营销和广告会相对理性；反过来，那些天天标榜自己有能力找到黑马、选出牛股，宣传自己有绝技的公司，大概率是非正规公司。

对于普通投资者来说，选择一家实力雄厚、有强大研究团队支撑、产品和服务客观理性的投顾公司来服务，也不失为一个办法。但在这过程中，投资者需要识别专业投顾和忽悠投顾。

看了上述"7种武器"之后，大家应该对如何初选出潜在好公司有了比较系统的了解，那下一步如何验证呢？第六章会详细介绍。

第六章 "四大工具"验证好股票

我们讲了选股的"7种武器",但大家一定要清楚,这7种武器只能选出潜在好公司,是不是真的好公司,我们还需要深度验证。这一节我们介绍验证好公司的"四大工具"。

用"望远镜"验证公司的赛道

好股票的标准可以用"好赛道+好公司+好价格(估值)"来概括,这部分,我们来讲一讲如何评判公司所处的赛道好不好。什么是赛道?赛道是公司所处的行业或者业务领域。

赛道吸引力是最重要的基本面之一

贵州茅台的赛道是白酒行业,张裕的赛道是红酒行业,贵州茅台和张裕这些年的业绩和股价表现有天壤之别。为什么?一个很大的原因是赛道不一样,白酒赛道要好于红酒赛道。2001—2017年贵州茅台和张裕的业绩和股价,如图6-1所示。

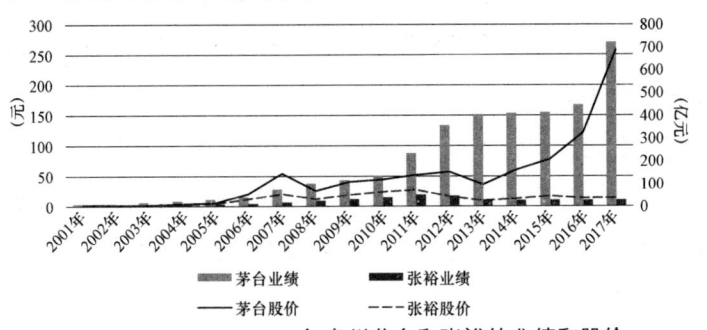

图6-1 2001—2017年贵州茅台和张裕的业绩和股价
资料来源:市场公开信息。

延伸阅读

白酒赛道为什么要比其他酒的赛道好？

在 A 股众多赛道里，食品饮料行业一直是一条好赛道，特别是在中国这样人口基数大的国家，消费需求支撑着食品饮料行业的良好发展。而在食品饮料的众多子行业中，白酒行业是最好的细分子行业之一，是一个牛股常出现的好赛道。除了贵州茅台，A 股很多白酒公司的利润都很不错，也给投资者创造了不菲的回报。

白酒公司能够在股票市场上胜出，核心原因有以下几个。

首先，白酒是受我国文化影响很大的行业，没有外国产品的竞争。白酒相对于其他酒有不同的地位，它具有悠久的历史和独特的民族文化内涵，这也是白酒行业的壁垒和护城河。

其次，白酒是一种情感消费，消费者除了考虑口感等因素，更多考虑的是社交需求、面子需要。中国是一个强社交的社会，使得白酒消费呈现不完全追求"性价比"的特点。

最后，白酒没有库存问题。白酒行业有一个与其他行业不一样的特点，消费者认为白酒储藏的时间越久，会越香醇、越值钱。所以白酒企业不用担心库存管理。

葡萄酒和啤酒同为酒类赛道，为什么不那么"幸运"（相关上市公司没有给股东创造很好的回报）呢？白酒的口感和价格标准是国内企业自己定的，而葡萄酒和啤酒作为舶来品，品质的标准是由国外企业定的，比如它们规定经纬度在哪个范围内的葡萄是酿造葡萄酒的好葡萄，甜度要多少才合适等，这就让国内的生产企业缺少酿造好酒的条件。此外，白酒的高端品牌都是国内的，葡萄酒和啤酒的高端品牌都是国外的，所以，国内的葡萄酒和啤酒品牌无明显竞争优势。

验证公司所处的"赛道"好不好，我们需要看得远一些，不能只看公司目前的收入和盈利状况。比如，有些公司处于高成长的初期阶段，收入和盈利都还很少，但不代表公司不值得投资；反过来，有些公司已经过了成熟期，尽管收入和利润情况不错，但行业是往下走的，所以公司不一定是好的投资标的。所以，我们判断公司赛道好不好，不能只看眼前的收入和盈利情况，要用"望远镜"看得远一些。

判断赛道是否有吸引力，在股票投资中非常重要。如果有人推荐一只股票，我们首先一定要看这家公司是做什么的，它所处的行业前景如何，因为这决定了公司的发展前景，而公司发展前景，是最重要的基本面。

戴维斯双击、戴维斯双杀与赛道紧密相关。

做过投资的人都知道，市盈率=股价/利润，那么股价=利润×市盈率，行业和公司的发展前景对盈利和市盈率都有影响。这就是说，如果一家公司发展前景好，一方面会体现在它的盈利上，另一方面会体现在它的市盈率上。公司发展前景越好，市场给它的估值越高。

前面我们说到戴维斯双击和戴维斯双杀的概念。公司发展前景好的时候，利润往往也很好，市场有信心给它好的估值，会有一个较高的市盈率；而当它发展前景不好的时候，利润往往会下降，估值也会下降。所以赛道如何，往往会引发戴维斯双击或者戴维斯双杀，对股价的影响是非常大的。

2014—2015年，很多互联网公司进行并购，当时市场处于牛市阶段。一家公司叫飞利信，做大数据和会议信息系统的，在2015年年初做了几次收购，业绩出现翻倍式增长，2015年一季度实现营收2.05亿元，同比增长81.8%，净利润为1 354万元，同比增长89.74%。与此同时，市场对于那些互联网大数据公司"高度重视"，在高点给了300倍的估值，这就是**戴维斯双击**。到了2019年1月30日，公司公告中说2018年公司净利润亏损19个亿，原因是旗下5家子公司业绩不达预期，集体商誉减值。更没想到的是，市场经过了2018年的调整，对这类商誉减值的个股异常担忧，估值也降到了5倍，这就是**戴维斯双杀**。

所以，我们应尽量避免在大方向上踩错节奏，这就得擦亮我们自己的望远镜，判断清楚公司所处赛道的吸引力如何。我认为可以从两个维度去判断：第一个维度看它所在的赛道的空间有多大，第二个维度要看赛道中的竞争状况如何。

评判赛道的空间

在讲行业空间之前，我们先看一个故事。2017年年初，太钢不锈高调宣布自己具备批量生产圆珠笔的"笔尖钢"的能力，太钢不锈股价涨停。事情起因是某钢铁煤炭行业发展座谈会上，有人提出："我们还不具备生产模具钢的能力，圆珠笔笔头上的'圆珠'，目前仍然需要进口。"这句话的意思是我国只是制造大国，但还不是制造强国。这件事情被媒体热炒了一阵子，而太钢不锈通过攻关，宣布自己造出了"笔尖钢"。

然而，真正的问题在于，现在用圆珠笔的人越来越少，全世界圆珠笔的笔头加在一起的量也不多，一共就 2 亿元人民币的市场，所以不是我们做不出来，实在是这个行业太小了，没人愿意做。

所以，我们在评判赛道好不好的时候，先要分析赛道的发展空间。而我们评判赛道空间，则可以从目前市场容量和未来增长趋势两个维度来考虑：首先看这个行业目前的容量，是 100 亿元、500 亿元，还是 1 000 亿元。其次看未来增长的趋势，是向上、稳定，还是向下。

我们来看两个产品的对比，一个是湖笔，即文房四宝里的毛笔；另一个是天堂伞。天堂伞的前景好些，因为伞是人人都要用的，而且日常生活中，伞经常会坏、会丢，伞的更新频率很高。而现在写毛笔字的人已经不多了，毛笔的市场容量非常小。所以，行业空间决定了公司最基本的发展前景。

2005—2015 年，市场上有一只超级大牛股，是一家做装修的公司，叫金螳螂。装修这个市场很大，至少是上万亿级的市场。这家公司起初是一个非常小的公司，2005 年，它只有 12.9 亿元的收入和 5 000 万元的利润，这和整个行业比起来就非常小了。但在这个行业中，这家公司做得非常好，逐渐成了这个行业的龙头。到 2014 年的时候，它的收入达到 200 亿元，利润达到 18.8 亿元。2005—2018 年金螳螂收入和利润，如图 6-2 所示。这个过程中，它的股价涨了大概 30 倍。这就是说，公司处在一个大行业，发展机会和空间是非常大的。大行业里的龙头公司，在高速增长的阶段，它的投资回报是非常惊人的。

当然，现在金螳螂的市场占有率还只有个位数，占比还很低，要再往上做，它的经营管理能力必须跟上。并不是竞争力强，公司就能够垄断市场，这是不太现实的。因为一家公司往往有经营管理能力的极限，超过这个极限，管理效率就会降低，变成规模不经济。所以龙头公司是有边际的，这个边际是由这个行业的特性所决定的。但是一般来说，大行业里的龙头公司肯定比小行业的龙头公司要有想象力。

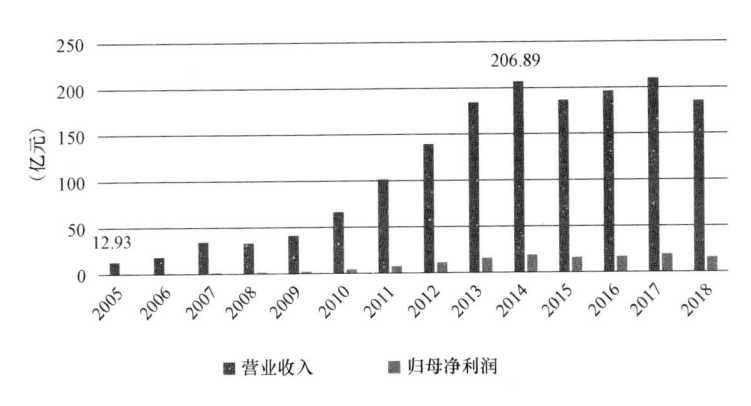

图 6-2　2005—2018 年金螳螂收入和利润

资料来源：市场公开信息。

那么，我们应该怎么去判断赛道空间有多大呢？很简单，我们先上网搜索信息，对行业进行基本了解。搜索之后，我们还有 4 个方法：一是看招股说明书，二是看券商的分析报告，三是看一些专业网站，四是和行业内的人谈一谈，获得更多的信息。

招股说明书是最好的了解行业空间的帮手。 招股说明书的特点是，券商和中介机构要对其严格审核，一般很难造假，所以里面的数据都是有来源和依据的，相对来说可信度是比较高的。缺点是比较陈旧，比如投资者要买一家 10 年前上市的股票，那招股说明书描述的行业情况，现在可能已经发生很大的变化。但是，越是新股，上市时间离现在越近，我们越要看招股说明书。

长期的力量

我建议大家找几家新上市的公司，从新股入手看招股说明书。我认为至少要认真看 10 家新上市公司的招股说明书，这样你才会对招股说明书有感觉。招股说明书里有很多东西可以不看，但是业务和技术的部分一定要看。这个部分是讲这家公司所在行业的前景如何、行业规模有多大等。

有一家公司叫景旺电子，我们从它上市开始跟踪到现在。这家公司在它的招股说明书"业务和技术"部分，讲了发行人所处行业的基本情况、行业地位、主营业务情况。其行业状况如图 6-3 所示。

（二）行业基本情况

1. PCB 全球市场状况

（1）PCB 全球市场总体呈现波浪式增长趋势

根据世界电子电路联盟（WECC）的统计，2014 年全球 PCB 产业销售额约为 601.5 亿美元。根据市场分析机构 Prismark 的研究，2015 年全球 PCB 产量小幅上升，但由于日元和欧元相较美元贬值幅度较大等因素的影响，2015 年以美元计价的全球 PCB 产值较上年出现小幅下跌。

根据 Prismark 的预测，2015—2020 年中国 PCB 产值的年均复合增长率约为 3.5%，继续高于全球和其他地区的增速。

CPCA、WECC 统计，2014 年中国 PCB 的总体规模为 1 660 亿元，占全球市场规模的比例约为 44.9%。2000 年至 2014 年，中国 PCB 市场规模年均复合增长率达 11.90%，远超过全球平均水平 2.49%。2008 年全球金融危机对全球 PCB 行业形成了较大的冲击，中国 PCB 行业亦不能幸免，但在国家经济刺激政策和全球 PCB 产业向中国转移的大背景下，2010 年中国的 PCB 产业出现了全面复苏。

图 6-3 景旺电子所属行业状况

资料来源：景旺电子招股说明书。

通过招股说明书，我们知道景旺电子是做PCB（印制电路板）的，而且它告诉我们PCB这个行业在2014年的市场空间约为601.5亿美元，中国市场大约占有44.9%的份额。并且我们还能看到预测，那就是2015年到2020年中国的产值年均复合增长率约为3.5%，这意味着这是一个稳定增长的行业，而不是一个高速增长的行业。

当然，不是所有招股说明书都如此数据翔实。如果公司对未来空间不是特别乐观，也就不会披露特别精确的数据。

比如，一家2018年年底上市的公司，业务是做电视机上游的配套支架，它在招股说明书上没有明确说明未来的空间，把电视机行业过去的增长和空间一笔带过，在提出"电视机产量增速下滑"的同时，含糊判断"未来仍能保持一定增长"，这个论述没有数据支撑，就较难使投资者验证市场空间究竟有多大。

所以，招股说明书是最好的判断行业空间的工具，投资者不能忽视，认真读完才能对行业的未来情况有基本判断。

券商报告、专业网站及行业专家是不错的辅助工具。除了招股说明书，我们还要看券商报告，看券商研究报告的窍门是什么呢？我们看券商研究报告，基本原则是不看它的目标价，不看它的评级，而要看它对行业和公司的分析。

同样是景旺电子这家公司，券商给的目标价意义并不大，然而一些图表能帮助大家很好地了解行业空间，大家可以多参考。

关于专业的资讯网站，我推荐知乎和雪球。知乎是很专业的问答社区，很多专业问题在里面都能找到答案。雪球上，确实有对基本面研究得很深很透的高手发表的文章。相关的行业信息网站，比如投资者要研究钢铁，就可以到我的钢铁网上找一些信息。

最后的途径是找行业专家了解行业的情况，这个难度最大、成本最高，但效果最好。一般券商组织的策略会会邀请细分行业的专家来演讲，这是最好的积累行业知识的机会，只是参与难度比较高。

对不同赛道的不同关注点

不同公司所处赛道的性质不同，我们从消费、周期、成长3个维度来看，针对不同赛道应该关注什么。

首先，我们看消费，这是大家公认的赛道比较好的大分类。我们知道巴菲特特别喜欢消费品，原因就是消费品的需求是最稳定的。假如一个赛道的需求是无尽的，那它一定是一个最吸引资本关注的行业。

中国股票市场近30年，诞生了很多长期牛股，其中消费行业是出现长期牛股最稳定的行业。比如贵州茅台、伊利股份、格力电器、云南白药等，均具备穿越牛熊的能力，给长线投资者创造了惊人的回报。不仅是中国股市，美国股市中消费股也占了长期牛股的半壁江山。

消费行业为什么容易出现长期牛股呢？这和消费品的特性息息相关。

第一，消费行业的周期属性相对较弱，经营业绩不太受宏观经济周期的影响。改革开放以来，随着国力的增强和人民生活水平的提高，消费需求是不断增加、不断升级的，这支撑了消费行业的长期业绩增长。

第二，消费品公司经过长期经营和资金投入形成较强的品牌壁垒和规模优势，获得了行业垄断地位，且这种垄断地位相对稳定。

在国内消费品领域，白酒、乳制品、调味品、空调、定制家具等细分行业均已形成集中度不断提升且强者恒强的态势，有助于其盈利能力的长期稳定甚至提升。

第三，消费品公司一旦形成品牌护城河和规模护城河，不太需要进行持续的大规模资本支出（很多科技公司，利润很好，但现金流很差，因为被迫进行持续的资本支出），也不太容易被新技术、新模式颠覆（互联网技术再突飞猛进，贵州茅台的需求不会减少）。这和制造业、科技业不同。

我们来看美股中的大牛股菲利普-莫里斯国际，它在过去8年中股价翻了4倍，如图6-4所示。公司所处的赛道是烟草，这和我们前面提到的白酒类似，一是香烟的需求可以说是永不消逝的，二是香烟吸多了会上瘾，这两点足以证明公司处在一个好赛道上。同样，像可口可乐（CoCa Cola）、伊利、蒙牛这类公司，因为赛道好，才会有持续多年的稳定增长。

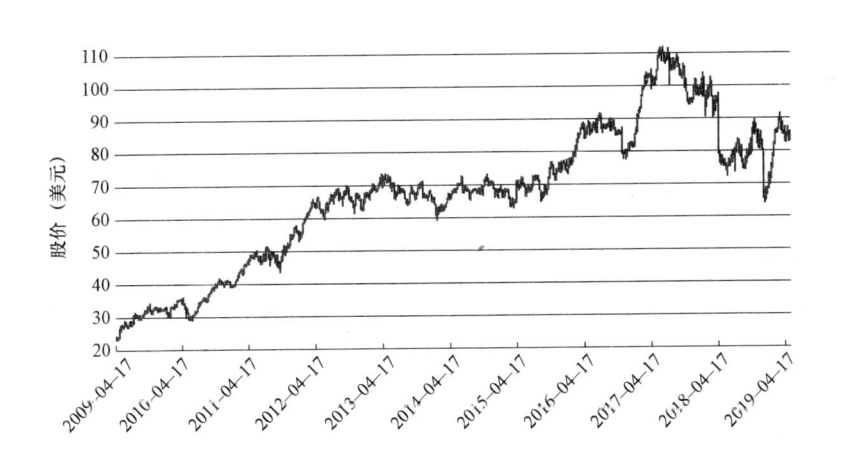

图6-4 菲利普-莫里斯国际股价走势图

资料来源：市场公开信息。

当然，我们在投资消费品公司的时候，要注意它们的品牌护城河是否被侵蚀（品牌老化），这是消费品公司的大敌。

其次，我们看科技股。科技股的赛道很多，在没有得到验证之前，谁都能把行业空间说得天花乱坠，且很难被证伪。在研究科技股的时候，我们要着重关注**需求和技术**：只有下游的应用空间足够大，公司所处的赛道才会足够宽敞；只有公司持续进行研发投入，公司才能在未来新技术上占得先机。

我们来看 A 股的半导体行业。这个行业的需求可以说是非常广阔的，我们身边的电子、通信、计算机产品都会用到半导体。然而仔细思考，我们会发现，技术含量最高的芯片设计几乎被美国垄断，英特尔（Intel）、高通（Qualcomm）、苹果（Apple Inc.）都是顶级的设计厂商，行业的利润也向这些上游企业倾斜，同时一些高端设备材料厂商集中在美日。处于中游的芯片制造，已经转移到中国台湾，诞生了制造巨头台积电。虽然我国大陆的中芯国际已经进入 14 纳米时代，但和台积电的技术差距仍在 2~3 代之间。我们国家领先的封测赛道，由于利润已经被上游和中游侵蚀，封测环节的毛利润也就只有 10 个点。因此，在关注成长科技股的时候，我们更要注重需求和技术，这是决定赛道的重要因素。

最后，我们看周期股的赛道。周期股受宏观经济影响大，即受需求波动影响大，而**产品价格**和**产能利用率**的波动会严重影响公司业绩。业绩好的时候，公司赚得盆满钵满；业绩不好的时候，公司的亏损会很大。

我们来看 2016—2017 年的供给侧改革，传统的水泥、钢铁行业由于供给侧改革，不少中小厂家退出，龙头公司的生存状况获得显著改善。海螺水泥、宝钢等龙头公司的利润大幅增长，伴随着分红率的提升，股价也出现爆发式增长。

> **延伸阅读**

周期股的"强周期"来自哪里?

周期股的"强周期"往往来自"需求的波动叠加产能的顺周期扩张"。

钢铁、煤炭、水泥、化工、有色金属等行业的企业经营具有明显的周期属性,会产生明显的波峰和波谷,业绩往往随着经济周期而上下起伏,无法表现出长期经营的稳定性。企业既可能在景气时赚得盆满钵满,也可能在衰退时破产。

周期性行业的强周期来自哪里?

一是需求本身就有周期。周期性行业的需求,受宏观经济影响很大,宏观经济本身有周期,即需求本身就有周期。

二是周期性行业往往是重资本行业,沉没成本很高,虽然竞争激烈的产品已经不盈利,但只要产品价格大于变动成本,企业就有继续生产的动力。这导致周期性行业产能退出很难。

三是周期性行业产品往往无差异化,企业属于同质化竞争,一旦供过于求,价格战是唯一手段。

四是周期性行业都是顺周期扩张产能,这是最重要的原因。在经济景气时,需求高涨,行业内企业利润大增,于是企业就不断增资扩产,行业整体产能不断扩大。当宏观经济繁荣度下滑时,市场对产品需求降低,但之前的新增产能却陆续完成,供给过剩的问题越发严重,全行业陷入恶性竞争。

我们对周期性企业的投资很难把握,但可以寻找"强周期"减弱、行业竞争格局变好的企业进行投资。

评判赛道的竞争格局

前面我们讨论了赛道空间和不同赛道的关注点,接下来我们来看看赛道的竞争格局。有的赛道竞争格局很好,行业经过充分竞争之后大浪淘沙,存活的龙头公司竞争优势明显、护城河深,能获得很稳定的利润;有的赛道则是竞争异常惨烈,价格战此起彼伏,各公司都很难赚钱。那么,我们从哪些维度来看赛道的竞争格局呢?

关注市场集中度

市场份额是我们所说的市占率,它表示公司收入占行业收入的比重,比重越高,说明公司在行业中地位越高。而集中度是指该行业内前几家大公司所占市场份额的总和,一般我们认为 CR4(行业排名前 4 的公司的累计市场占有率)小于 30%~40%,则该行业为竞争型;而如果 CR4 大于等于 30%~40%,则该行业为寡头垄断型。

我们来看乳制品行业,熟悉的企业包括伊利、蒙牛和光明,那这个行业的竞争格局如何呢?

公开数据显示,CR3 从 2012 年的 36.67% 逐步提升至 2016 年的 39.24%,我们可以判断这是一个寡头垄断行业。规模化乳制品企业凭借品牌、渠道、奶源、产品等全方位的优势,逐步提高市占率。同时,立足常温灭菌奶的伊利、蒙牛也与立足低温奶的光明逐步拉开差距。

结合前面提到的市场空间,我们再看其他数据。根据测算,中国乳制品市场在未来 4 年依然能保持年均 6 个点左右的增长，在 2022 年将超过 5 000 亿元规模，说明这个赛道依然有增长空间。那么，作为龙头的伊利和蒙牛只要不打价格战，都能发展得不错。所以，伊利近 10 年股价涨了 10 倍以上，蒙牛股价涨了 3 倍，这是好赛道带来的结果。乳制品行业竞争格局如图 6-5 所示。

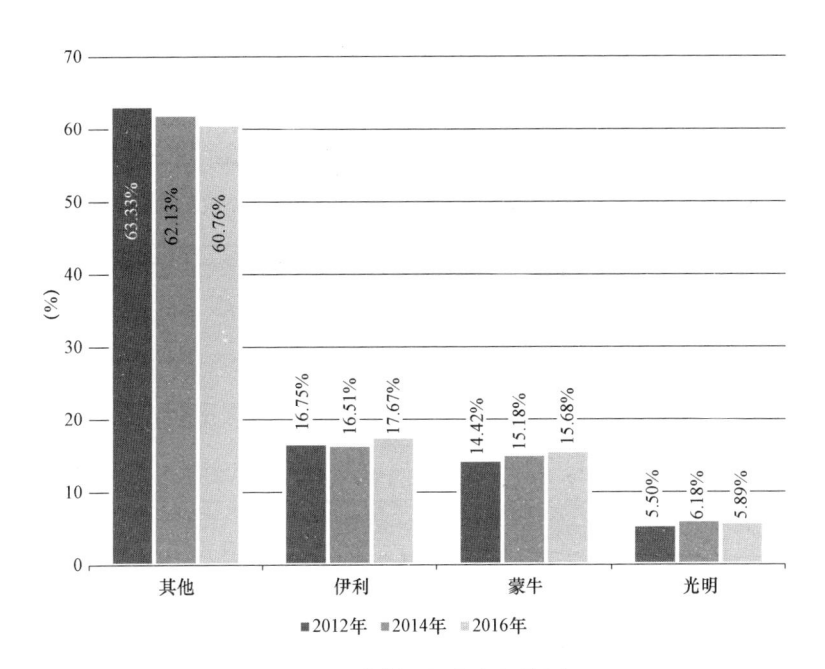

图 6-5　乳制品行业竞争格局

资料来源：万得资讯。

关注新进入者的挑战

即使在一个已实现寡头垄断的行业，面对全新商业逻辑的新进入者，我们同样要注意相关的竞争状况。

2017年,星巴克在中国咖啡市场的份额达到51%,在连锁咖啡馆服务市场中具有支配地位。CR4高达75.7%,所以咖啡行业属于寡头垄断型行业。然而,2018年1月带有小鹿图案的蓝色杯子广告开始迅速占领办公楼、电梯口、朋友圈等的广告位。在半年内,瑞幸咖啡便完成门店布局(809家),国内市场超越科斯塔(Costa),成为门店数量仅次于星巴克的第二大咖啡连锁门店。中国咖啡市场份额分布情况如图6-6所示。

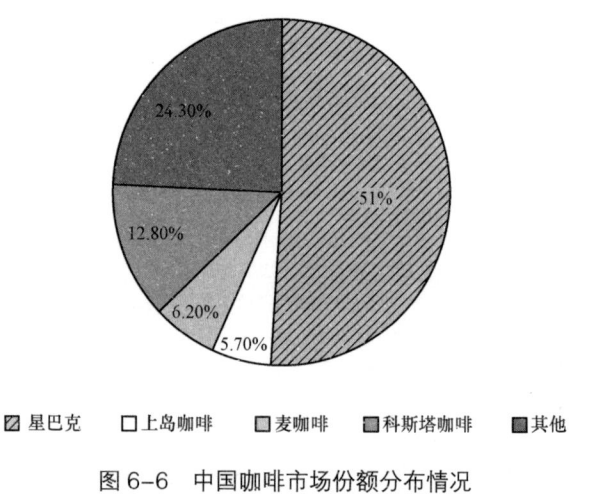

图6-6 中国咖啡市场份额分布情况
资料来源:前瞻产业研究院。

首先,支撑瑞幸咖啡快速拓展市场的原因之一是中国巨大的咖啡市场。前瞻产业研究院测算,到2020年中国咖啡市场规模将达到3 000亿元,到2025年将达到1万亿元。同时,相比2017年美国人均消费400杯咖啡、日本和韩国人均消费200杯咖啡的水平,中国人均年消费咖啡只有5~6杯,仅算国内一线城市,人均年消费咖啡也只有20杯。由此可见,国内咖啡市场还有非常大的发展空间。中国咖啡市场规模和平均年复合增长率如图 6-7 所示。

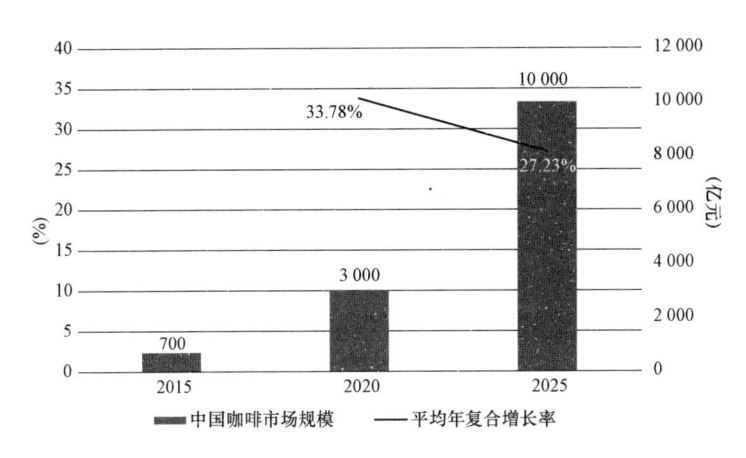

图 6-7　中国咖啡市场规模和平均年复合增长率
资料来源：前瞻产业研究院。

其次，瑞幸咖啡尚在拓展新客户和初步验证阶段，重金扩张的手段是否真的击中了行业的核心壁垒？它能否在占据足够市场份额后获得盈利空间？这些取决于诞生于互联网思维的瑞幸咖啡能否将"流量"转化为"体验"。从产品方面来说，既然主打"专业咖啡新鲜式"，那么在延长保鲜期、提高口感接受度、加强杯子的保温及防漏性能等方面，瑞幸都需要改善。瑞幸在与星巴克竞争时，丝毫不在乎投资人的钱，用烧钱的模式增加实体门店，同时让消费者获取低价咖啡，虽然我们并不知道星巴克是否正在失去市场份额，但从近期星巴克的优惠频次来看，它还是受到了一定冲击。

其他案例还有很多，比如网宿科技原来在 CDN（内容分发网络）领域一枝独秀，后来阿里云进场，网宿科技业务受到巨大冲击；原来 E 代驾在代驾领域做得风生水起，后来滴滴进场，E 代驾的发展已经举步维艰。这种来自巨头公司的降维攻击，对原有的领跑者构成了巨大威胁。

因此，在关注赛道竞争状况时，我们不能忽视新进入者的挑战和冲击。

关注价格战的激烈程度

"价格战"是企业之间通过竞相降低商品的市场价格展开的一种商业竞争行为，其主要内部动力有市场拉动、成本推动和技术推动，目的是打压竞争对手、占领更多市场份额、消化库存等。

我们来看看哪些行业容易打价格战。举航空业为例，在国内，很少有人对某家航空公司绝对忠诚，或者愿意支付更高的价格。大部分乘客购买机票都会选择价格最低的，即哪家最便宜，就选择哪家。价格是大部分乘客最看重的因素之一，只要能到达目的地，哪家的飞机都一样。所以航空业经常大打价格战，而其开支又巨大，是很难形成竞争优势的行业。

又比如 10 多年前的味精行业，经历了两轮价格战。2003—2004 年，味精价格虽有上升但幅度很小，而用来生产味精的原辅料和能源的价格普遍上涨，另外高峰拉闸限电、污染限产等规定都不利于发酵生产，这也影响了生产成本。成本大幅上升使得当年味精行业经济效益大幅度下降，在行业集中度低、价格战盛行的背景下，不少综合实力比较弱的中小型企业被迫关停，退出行业。2007—2009 年，在环保趋严的背景下，行业内优势企业引导味精价格下调，主动打响价格战，通过成本优势换取市场优势，引领行业重组和洗牌。这一轮价格战中，大批中小型味精生产企业，尤其是以外购谷氨酸生产味精的低毛利率、高污染企业迅速倒闭，行业集中度明显提升。我们发现，价格战时很难找到非常好的企业，而价格战之后，行业集中度提升，赛道明显有改善趋势。

消费行业同样有类似的价格战，比如黑电行业。电视机行业竞争激烈，直到现在也没有形成像格力、美的、老板这样有品牌优势的家电企业，主要是因为电视机的技术更新太快，电视机的生产商难以形成有效的品牌积累，而空调、油烟机则不同。技术更新太快，一方面需要持续不断的大规模研发，另一方面容易被竞争对手弯道超车，所以技术变化太快、容易被颠覆的行业较难积累长期的优势。相反，一些变化慢的行业容易形成长期优势，无论是口碑、品牌，还是市场份额。

关注上下游是否强势

强大的上下游是企业的噩梦。一家公司的上下游越集中、越强大（强大的上游客户可以随时涨价甚至断货，强大的下游客户可以随时找到竞争对手来替代），这家公司定价权就越弱，盈利能力和盈利前景就越差。

这里举手机零部件的案例。很多零部件企业都要看终端客户的脸色，很难有自己的定价权，处于产业链相对弱势的地位。消费者愿意为苹果手机支付品牌溢价，并不是因为苹果公司用了某品牌的零件，而是冲着"苹果"这个品牌。即使苹果公司用其他的零部件，苹果手机照样可以卖高价。当手机价格上涨的时候，零部件不会涨价；手机价格下降的时候，零部件的进货价却会被压缩，因此零部件行业竞争非常激烈。

又比如，建材研究员非常看好的东方雨虹，主要业务是销售防水涂料。它的上游是沥青行业，下游是房地产企业。沥青行业在近两年涨幅惊人，而下游的房地产行业集中度在不断提升，龙头房企对防水涂料的议价能力极强，结果对东方雨虹的毛利率形成挤压。东方雨虹确实是一家优秀企业，但随着其他防水材料公司上市，以及下游客户集中度的提高，面临的竞争可能加剧。

再比如，计算机研究员曾经研究过的浪潮信息，主要业务是销售电脑服务器。公司业务看上去高大上，科技感十足，但公司的上下游非常强势。上游芯片供货商是英特尔，下游服务器采购商是阿里云，这样强势的上下游，导致公司的议价能力很有限。财务报表上，它的毛利率就10个点左右，净利率只有2个点，说得直白一些，它类似一个加工车间，只能赚辛苦钱。

2010年之前的家电行业的净利润率只有2~3个百分点，除了行业自身竞争激烈之外，其下游渠道商非常强大，主要是苏宁、国美等少数公司，而苏宁就非常赚钱，直到电商崛起。

医药行业是最新案例。以前医药公司和医院结成利益共同体，依靠信息不对称赚钱。现在政府通过"一致性评价"和"带量采购"等手段，减少了信息不对称现象，形成了强大的单一采购方，很多平庸医药公司的"好日子就到头了"。

因为议价能力都很强的上下游可能会压制赛道，所以我们在评估赛道时，一定要考虑到这一点。当你所研究的公司有强大的上下游时，你一定要想一想，这家公司有没有反制上下游的核心能力。

大行业小龙头和小行业大龙头

讲了这么多关于行业竞争的案例，最后我们来看看龙头公司在不同行业的利弊。

我们来看两家公司的情况,公司 A 和公司 B 的收入和净利润一样,收入都是 20 亿元,净利润都是 2 亿元,一个市场占有率是 4%,一个市场占有率为 40%,见表 6-1,哪家公司更有吸引力呢?我们简单算一算,A 所属行业的规模为 20 亿元÷4%=500 亿元,B 所属行业规模只有 50 亿元。那就是说,A 和 B 虽然都是龙头公司,但 A 的发展空间大,因为它处在一个大行业;而 B 已经占了 40% 的市场份额,发展空间已经不大。

表 6-1　公司 A 和公司 B 的财务数据

	公司 A	公司 B
营业收入(亿元)	20	20
净利润(亿元)	2	2
市场占有率(%)	4	40

大行业小龙头和小行业大龙头各有利弊。大行业小龙头,就是我们刚才说的 A 这样的公司,500 亿元的规模,它只占 4%。优点是发展空间大,A 如果从 4% 做到 10%,就是现在的 2.5 倍。但是大行业的缺点是竞争非常激烈,大家都觉得有机会,钱会蜂拥而入。中国不缺资本,但凡有公司做得好,资本就会涌入相应行业,所以竞争激烈。小行业大龙头的发展空间不大,但也有好处,最大的好处是垄断,比如圆珠笔的笔头,太钢不锈做了,就不会有其他公司做,毕竟一共就 2 亿元的规模。大龙头所处的小行业因为规模小,一般不会有新的竞争者。大行业小龙头和小行业大龙头的区别见表 6-2。

表 6-2　大行业小龙头和小行业大龙头的区别

	大行业小龙头	小行业大龙头
优点	发展空间大	一般不会有新的竞争者进入
缺点	竞争激烈	发展空间小
适合	成长型投资者	价值型投资者
估值	如果公司地位稳定，成长性确切，会有更高估值	会有合理估值

所以，不同的股票由于它的行业空间不一样，适合的投资者也是不一样的。成长型投资者，更喜欢大行业小龙头。价值型投资者，更喜欢小行业大龙头。对于大行业小龙头，市场往往会给更高的估值。比如刚才讲的 A 和 B 这两家公司，假设它们目前的市盈率都是 20 倍，我们应该优先考虑买入 A，因为理论上，A 可以享受更高的估值，因为它的发展空间大，成长性更好。

用"透视镜"寻找公司的护城河

前面我们讲了公司所处赛道的重要性，这一部分我们讲一讲如何评判公司的竞争力。公司竞争力的重要性，丝毫不亚于赛道吸引力，甚至比赛道吸引力更重要。比如海螺水泥，赛道是一个没有增长的行业，但它凭借其卓越的竞争力，依然保持强大的盈利能力。

所以，我们了解行业空间和竞争状况后，还得找出这个行业中最具竞争力的公司，毕竟我们投资的是行业中的公司。行业的选择很重要，公司的选择同样重要。我们经常看到，在高速增长的行业中，很多公司做得不好，依然会被淘汰掉。这几年有句话非常流行，是"站在风口，猪也会飞起来"。但很多事实告诉我们，没有翅膀的猪最终会掉下来，并会摔得粉身碎骨。风口行业，资本争相涌入，如果参与者没有核心竞争力，最终一定会以失败告终。剩下的，一定是在竞争中建立起强大护城河的公司。比如前几年资本疯狂追逐的新商业模式、新技术、互联网+、虚拟现实、共享单车、人工智能等，也是如此。所以，在投资中，我们除了要找到风口，还要找到那头最终能长出翅膀的猪。那头能长出翅膀的猪，一定有其独特之处，有自己的护城河。

反过来，一些夕阳行业或者不是很吸引人的行业，也会有很多公司做得非常好，同样给股东创造了不菲的回报，像海螺水泥、北新建材、中国神华等。所以，除非行业被彻底颠覆，否则其中的龙头公司、优秀公司都是有投资价值的。

我们回到前面讲的白酒行业。白酒行业在过去几年增长得非常好，毛利率、净利率非常高。我们在行业里选取贵州茅台和五粮液两家公司做比较，发现差异是非常大的。在2005年到2017年，五粮液营业收入增长了4.7倍，贵州茅台增长了15.6倍；五粮液利润增长了12.5倍，贵州茅台增长了26.4倍。两者在股价上的差异就更大了，五粮液12年涨了19倍，贵州茅台涨了76倍。五粮液和贵州茅台的财务数据对比见表6-3。

表6-3 五粮液和贵州茅台的财务数据对比

	五粮液	贵州茅台
2005年收入（亿元）	64	39
2017年收入（亿元）	301	610
收入增长倍数（倍）	4.7	15.6
2005年利润（亿元）	8	11
2017年利润（亿元）	100	290
利润增长倍数（倍）	12.5	26.4
12年股价涨幅（倍）	19	76

资料来源：市场公开信息。

在一个非常好的行业，这两个品牌都不错，但由于在核心竞争力上的差异，两家公司的经营结果是完全不一样的。经过10多年的发展，两家公司在经营、品牌、营销方面的差距已经拉开。

所以，虽然同处于非常好的行业，但公司的经营能力不一样，结果的差异是非常大的。一家优秀的公司往往在至少一个方面有核心竞争力，核心竞争力就是护城河。

护城河的说法来自巴菲特的某次演讲，后来有一本书《巴菲特的护城河》(*The Little Book That Builds Wealth*)把巴菲特的投资理论用"护城河"来概括，护城河这个概念便被投资界广泛接受。**护城河指的是企业在相当长的一段时间内无法被模仿被替代的竞争优势。护城河是把竞争对手挡在外面的东西**。前面我们说过，全世界都不缺资本，哪个行业有赚钱机会，资本就会涌入。当一个行业有超额利润［超越正常水平的净资产收益率和投入资本回报率（ROIC）］的时候，当全社会的平均利润率只有10%，某个行业有20%、30%的时候，会有大量资本涌入，中国的行业情况就是这样。很多投资者都往这个行业投资的时候，如果一家公司没有强大的护城河，那么这家公司的超额利润一定会因为竞争而逐步消失。在中国尤其如此，资本过剩，公司擅长打价格战，竞争领域的超额利润会迅速消失，原来公司企业能赚20%、30%，慢慢就只能赚10%，甚至亏损。当你看到一家公司盈利能力很强的时候，一定要问两个问题："它凭什么能做得这么好？未来它是否能持续做好？"这两个问题都是关于公司护城河的。

巴菲特的投资理论就是讲这个道理，一家公司值不值得投资，首先要看这家公司有没有护城河，或者说公司有没有核心竞争力。我们熟悉的贵州茅台、格力电器、海螺水泥、腾讯、阿里巴巴等，都是护城河极深的公司。

我们判断公司有没有护城河、有什么样的护城河，一定要透过收入、利润、增长率等表象，找到真正让这家公司持续保持高盈利能力的东西。所以，我们说要用"透视镜"来寻找公司的护城河。

延伸阅读

警惕概念光鲜但无护城河的公司

股市中有些公司看上去光鲜，且高大上，实际上是非常传统的小公司，并没有多深的护城河。

比如软件定制开发公司，普遍被资本市场归入高大上的TMT（数字新媒体）产业，但实际上它做的是To B业务，竞争激烈、客户强势、价格被压缩，工程师薪水年年涨，而公司基本上是赚辛苦钱。

比如很多顶着"高科技公司"光环的电子元器件公司或者电脑设备制造公司，仔细看它们的财务报表，你会发现它们的现金流远逊于它们的利润。为什么？因为它们辛辛苦苦赚来的利润必须投到新技术、新设备上，否则它们就会被激烈的竞争所淘汰。再比如基因检测行业的龙头公司，曾经市值高达千亿元，但我们仔细分析其业务，发现它并无核心技术，上游（检测仪器生产商，拥有核心技术）和下游（医院，拥有客户）都非常强势，实际上它是一个劳动密集型公司。

识别这样的公司，我们要看公司的财务报表，并通过财务报表来甄别公司有无护城河。那些最光鲜的"概念"，我们用净利率、净资产收益率、应收账款、自由现金流等财务指标进行衡量，它们可能会原形毕露。

我们了解了护城河的重要性，那么哪些是公司的护城河呢？ 品牌、网络效应、成本优势、高客户转换成本以及渠道优势，是常见的护城河，一家优秀的公司至少要具备其中一项。

品牌

品牌作为无形资产，能给企业带来宽广的护城河。有品牌影响力的企业，产品畅销，拥有强大的定价权，能让消费者为品牌支付更高的价格，利润率更高。

在 A 股市场，贵州茅台无疑是品牌护城河最深的公司之一。它的净利润从 2008 年的 30 多亿元，增加到 2018 年的 300 亿元。

与此同时，贵州茅台的股价一飞冲天。尽管遭遇回调，但它的涨幅还是非常惊人的，达到 7~8 倍，给投资者带来了丰厚的回报。2008—2019 年贵州茅台的股价走势如图 6-8 所示。

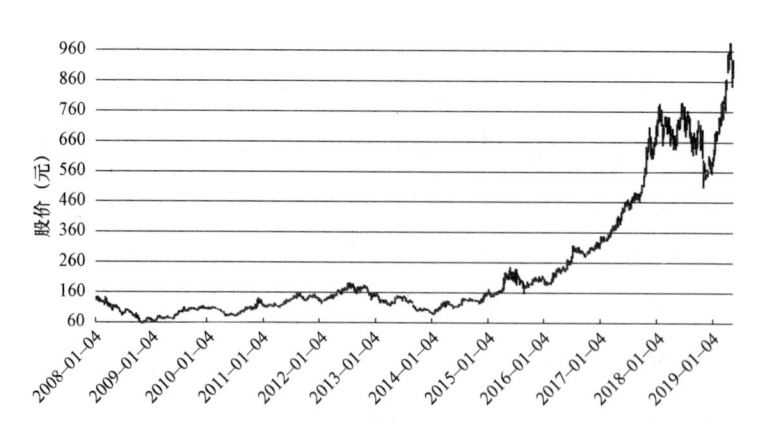

图 6-8　2008—2019 年贵州茅台的股价走势

资料来源：益盟智盈。

我们再来看贵州茅台的毛利率，过去10年保持在90%左右，如图6-9所示。这在酿酒板块，甚至整个A股市场都是排在前列的。这也意味着，一瓶出厂价1 000元的茅台酒，生产成本约只有100元。

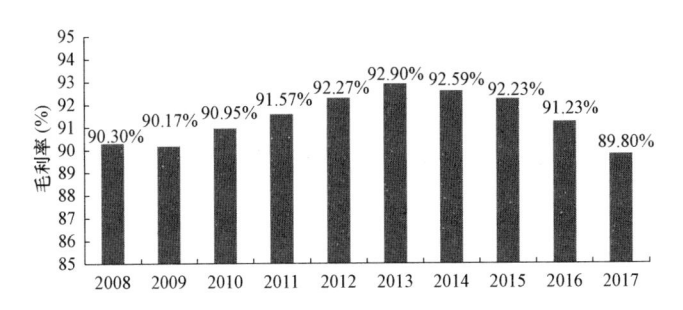

图6-9 2008—2017年贵州茅台的毛利率

资料来源：市场公开信息。

看到这里，大家一定有疑问，贵州茅台如此高的毛利率，如此强劲的利润增长，为什么没有竞争对手模仿它，和它竞争？茅台酒成本这么低，为什么有那么多消费者愿意花高价购买？核心在于品牌影响力。贵州茅台由于悠久的历史、独特的酿造工艺，在消费者心中成为高端白酒的代名词。

贵州茅台的利润和股价之所以能长期增长，秘密在于品牌护城河。不仅是贵州茅台，这种品牌影响力经常见于消费品行业。比如很多奢侈品，消费者购买它们，不是出于功能考虑，不是因为性价比，而是买它们的品牌。

当然，即使公司有品牌，我们还要跟踪和判断：品牌会不会老化？会不会被消费者抛弃？曾经很多响当当的品牌，逐渐老化，最终被消费者抛弃。

比如百雀羚，这些年在大量欧美、日韩护肤品的冲击下，品牌形象日益老龄化。大名鼎鼎的国货护肤品，给人留下的印象却是"妈妈用的护肤品"。用百雀羚自己人的话来说："我们就像一群趴在玻璃上的苍蝇，明知道前途一片光明，却找不到出路。"一遇到外部竞争，利润率就下降，这就是品牌护城河不够深的表现。

很多曾经非常畅销的服装，品牌老化之后，公司就慢慢退出了市场。比如当年非常著名的男装品牌雅戈尔、杉杉等，流行一时，但品牌护城河不够深，公司股票没有成为长期牛股。现在，这几家公司已经不再以服装为主业，纷纷转向其他行业。

网络效应

我想问大家，如果你远在他乡，突然想起了家乡的美食，如果你想要买一件与某当红明星一样的衣服，如果你家里缺了某个东西，你会去哪里买？大部分人的答案应该是淘宝。因为在淘宝，你几乎能买到任何想买的东西。我还想问，如果你是想开网店的小商家，你会去哪里开？你的首选一定也是淘宝，因为这里有数以亿计的买家。阿里巴巴最新财报显示，淘宝的年度活跃消费者已经达到5.76亿。

一边连接着亿万用户，另一边连接着海量商家，这就是阿里巴巴的实力，这也是我要和大家分享的第二种护城河——网络效应。

网络效应，或者说"双边效应"，一旦形成，是最深的护城河。什么是网络效应？如果一家平台公司，随着用户人数的增加，用户之间发生交易的可能性和频率是以几何级数增加的，这就是网络效应。而网络效应一旦形成，无论是供给端，还是需求端，都会被牢牢吸附在这张网络中，很难脱离，在这种黏性下，供需两端的迁移成本都是巨大的。而这家平台公司，也构成了非常深的网络效应护城河。

再举一个例子，腾讯为什么实力雄厚？因为微信是它的一张王牌。根据微信最新公布的数据，微信全球月活跃用户已经突破10亿，这让微信成为中国首款突破10亿月活跃用户的互联网产品。我们现在不管工作还是生活，都离不开微信。

自诞生之日起，微信就受到了很多竞争对手的挑战。2013年9月，阿里巴巴推出了"来往"。来往像一个含着金钥匙出生的"富二代"，一问世就万众瞩目。阿里巴巴在来往的推广上砸了重金，请来了各路明星宣传造势，挑战微信的意图非常明显，但效果却非常不理想。阿里巴巴也早就放弃了来往这个项目。

除了来往，试图挑战微信的还包括网易的"易信"，但也没有成功，根本撼动不了微信的地位。之前流行的"子弹短信"，没几个月时间就衰落了。子弹短信为什么衰落得这么快？因为使用子弹短信的人太少了，即便你感兴趣，你的家人、朋友、同事都没安装应用程序，那你也就不会使用它。这就是微信的网络效应，它形成了强大的护城河，阻挡了竞争对手一次又一次的进攻。

类似的公司还有不少，比如滴滴，它一头连接海量的司机，另一头连接海量的乘客，尽管有段时间负面新闻不断，但打车时，我们确实需要它。再比如爱彼迎（Airbnb），它是全球知名的在线短租平台，它一头连接海量的房东，另一头连接大量的客户，所以它是不少人出行旅游的首选。

资本市场给予这样的平台型公司非常高的估值。大家可以看腾讯、阿里巴巴的股价走势，也可以看资本市场对优步（Uber）、滴滴、爱彼迎的估值。腾讯、阿里巴巴的估值已经高达数千亿美元，滴滴、优步、爱彼迎的估值也达到数百亿美元。

而这样的公司，本身就在不断进化。像阿里巴巴，通过技术手段和商业模式创新，一方面对卖家赋能，降低卖家的开店难度，提高卖家的销售效率；另一方面，通过大数据，对买家实现千人千面的精准推送。这样，平台的护城河也进一步加深了。腾讯同样如此，它不断对微信进行升级，推出新功能，包括人人几乎都用过的微信红包、现在火爆的小程序等。

我还观察到一个现象，整个互联网行业，几乎只有BAT（百度、阿里巴巴和腾讯）和今日头条等几家公司在赚钱。2018年，很多互联网公司"流血上市"，不管是线上教育（如沪江、流利说）、线上家装（如土巴兔），还是其他互联网应用公司，很难有真正盈利的。为什么？它们财报的共同特征是：营销费用很高。它们为了获得用户，都支付了巨额的流量费用。而这些流量费用去哪里了？绝大部分去了BAT和今日头条。

很多人都很好奇BAT、今日头条这些互联网公司，为用户提供免费的服务，为什么能赚那么多钱呢？秘密在于这几家公司，要么拥有超级应用的超级入口（百度——搜索入口，淘宝——购物入口），要么占据了10多亿网民的绝大部分时间（腾讯、今日头条抢占了消费者很多时间）。正因为这些公司抢占了应用入口和消费者的时间，所以其他公司要获得流量，必须向它们支付高额的流量费。还有一个原因，在传统媒体时代，流量入口是分散的，那时候有电视台、电台、报纸和杂志，到了移动互联网时代，形成了BAT和今日头条这几家拥有超级流量入口的公司，垄断性大大加强了。

BAT和今日头条这样的公司为什么能牢牢把握流量入口，抢占消费者的大部分时间呢？核心原因是它们形成了强大的网络效应。

具有网络效应的公司，不怕类似商业模式、类似竞争对手的挑战。因为竞争对手首先要复制出类似的网络，这需要大量的资金投入和长期的时间积累，绝不是一件轻而易举的事情。

它们面临的最大挑战，一是来自颠覆性的技术或者商业模式；二是来自监管，比如滴滴、优步这样的公司，都面临巨大的监管挑战。

第二部分 基本面投资的盈利体系

» 延伸阅读

"互联网思维"是有前提的

"互联网思维"是近几年最热的词语之一，大致意思是"通过免费策略或者用户补贴，获得海量用户，养成用户习惯，之后基于海量用户慢慢变现"。淘宝、滴滴、美团等互联网巨头，都是"互联网思维"的产物。

但互联网思维并非百试不爽的灵丹妙药，很多行业、很多公司并不适合互联网思维。"互联网思维"是有前提的，那就是靠补贴吸引用户，并形成强大的"网络效应"或者"双边平台效应"，才能在没有补贴的时候保持用户黏性，让用户离不开。淘宝、支付宝、微信、滴滴、美团等，都符合这个特征。

各种互联网金融平台因为不符合这个特征，所以没有通过"烧钱"的方式形成超级公司。互联网金融平台，通过高额收益率（补贴）吸引客户，但投资客是没有黏性的，一旦补贴停止，这些投资客就会到收益率更高的平台上投资。P2P（互联网金融点对点借贷平台）跑路潮，更让之前"烧钱"吸引来的用户，如惊弓之鸟般逃离，造成挤兑风潮，以前"烧"的钱都打水漂了。

曾经的独角兽公司"爱屋吉屋"宣布停止运营。2014年，互联网浪潮席卷全国，深刻影响了很多行业。在此背景下，被称为二手房行业颠覆者与革命者的爱屋吉屋，于2014年成立于上海。爱屋吉屋最初的设想是，打破传统中介被线下门店"绑定"的重资产模式，用互联网模式搭建中介平台，降低成本，以1%的低佣金率和更高效的服务，快速促成交易。其宣称找到了行业的"痛点"：收费高、服务差、信息不透明。这样的模式在当时的资本市场中得到响应，从A轮到E轮，爱屋吉屋只花了一年三个月，累计融资3.5亿美元。但是，房地产中介这个行业并不适合互联网思维，第一，房地产交易金额大，又涉及很多环节，线上不能完全替代线下的信任和服务；第二，房地产交易是较"低频"的业务，靠补贴获得的客户，很长时间才会第二次交易（大部分人一生只进行一次房地产交易）。所以，这样的行业运用互联网思维，靠"烧钱"获得客户，在逻辑上是错误的。

成本优势

如果某家公司的产品成本显著低于竞争对手的，它也具有很深的护城河。

成本优势，相信大家都理解，就是一家公司的产品的成本比另一家的低。如果成本低，公司的产品就可以比竞争对手的卖得便宜，那消费者就会来买这家公司的产品。如果竞争对手的产品价格和这家公司的一样，那该公司因为成本低能赚到更多利润，更有发展后劲。

这里讲两个案例，一个是格力电器，一个是海螺水泥。

我们先来看格力电器。格力电器的营业收入从2008年的400多亿元增加到2017年的1 500多亿元，归属于上市公司股东的净利润从2008年的20多亿元增加到2017年的200多亿元。

与此同时，格力电器的股价也是一路上涨。如果你在2009年买了格力电器，坚持持有到现在，你已经有10多倍的收益了。格力电器的股价走势如图6-10所示。

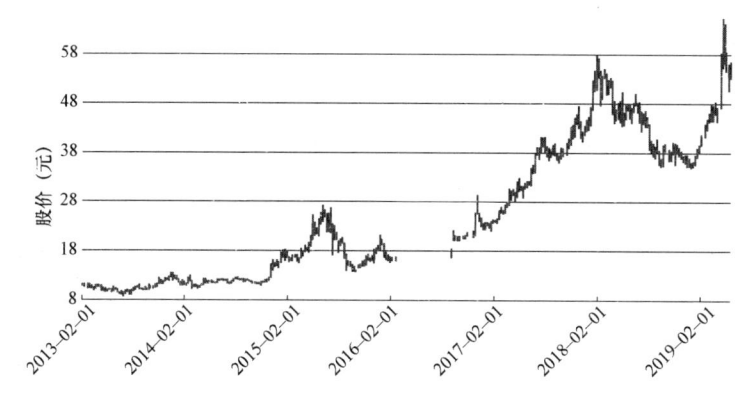

图 6-10　格力电器的股价走势

资料来源：益盟智盈。

格力电器为什么能实现这么高的业绩增长？答案就在于它的成本优势。

比如，格力电器的毛利率是 30%，而行业的平均值是 20%；格力电器的净利率是 15%，而行业的平均值不到 10%。

格力电器为什么成本低？我们可以看格力电器的报表，看完或许会大吃一惊。

格力电器已经做到什么程度了呢？它经营的钱都是借来的，而且借来的钱都不用付利息，什么意思？格力电器的运营资本，要么是原材料供应商的垫资，因为它可以先用几个月的原材料，不付钱；要么是下面渠道商的钱，格力电器可以先收钱再给渠道商发货。格力电器能无偿占用上下游资金，这是它低成本的秘密之一。

这样一家公司，它的经营几乎是零成本，其他公司没有办法跟它竞争。竞争者可以造空调，但能迅速达到这么大规模吗？能拥有对上下游的议价权吗？规模效应带来议价权，议价权带来低成本，从而形成格力电器强有力的护城河。

我们再来看海螺水泥。水泥这个行业被很多人认为是夕阳产业，但海螺水泥的营业收入从 2008 年的 240 多亿元增加到 2017 年的 750 多亿元，归属于上市公司股东的净利润从 2008 年的 20 多亿元增加到 2017 年的 150 多亿元，2018 年归母公司净利润更是有望突破 250 亿元。

海螺水泥是夕阳行业的龙头公司，最近几年的股价实现了 4～5 倍的上涨，远远跑赢很多高科技公司。海螺水泥的股价走势如图 6-11 所示。

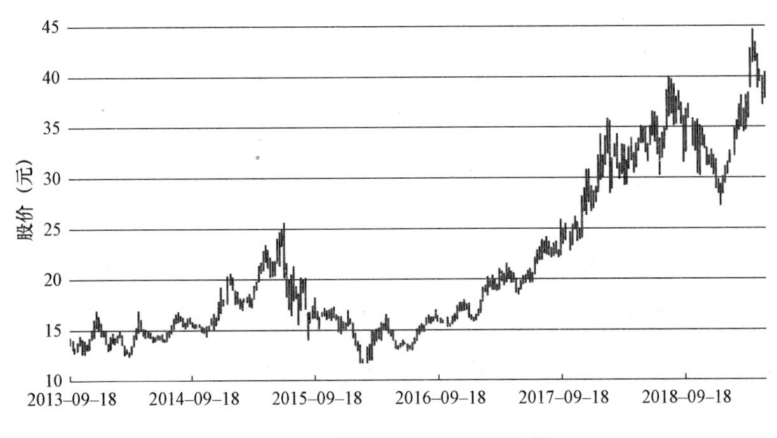

图 6-11 海螺水泥的股价走势

资料来源：益盟智盈。

海螺水泥的核心竞争力也来自成本端的绝对优势。

比如，2017 年海螺水泥的毛利率是 35%，而行业的平均值是 30%；海螺水泥的净利率是 22%，而行业的平均值是 11%。

海螺水泥的成本为什么这么低？因为低廉的矿山成本和公司的规模优势。另外，不得不提的是，海螺水泥独创的 T 型战略布局。海螺水泥在长江沿岸石灰石资源丰富的地区建造熟料生产基地（T 中的"|"），在沿海无资源但水泥需求旺盛的发达地区，低成本收购小水泥厂并改造成水泥粉磨站，就地生产水泥的最终产品（T 中的"—"）。T 型

战略解决了资源点和消费点的空间不匹配问题,大大降低了整体成本。

当然,这两家公司尽管都有很深的护城河,但也都有自己的问题,两者都面临行业的天花板问题,即未来需求不再高增长,甚至可能有所下降。但不管怎么说,这两家公司在自己的行业内,都是当之无愧的龙头公司,也是过去20年的长线牛股。因为它们在竞争中建立起了"低成本"的护城河。

高客户转换成本

巴菲特说:"赖着不走的客户不是麻烦,是你的黄金客户。懂得利用高昂的转换成本,去牢牢锁定客户,它一定是一家优秀的企业。"这句话说的就是客户转换成本。

什么是客户转换成本?客户转换成本,既包括金钱,也包括学习成本等隐性成本。如果消费者学习使用新产品和新服务需要大量的时间投入,那么就会降低消费者转用竞争对手的产品和服务的概率。

如果你想要换一种白酒品牌,这很容易,只需品尝一下就可以。但如果你已经习惯使用某一种软件,转换就没那么简单,你需要重新花时间去熟悉新软件。

举一个例子,广联达是建筑行业工程造价软件的龙头公司,现有的软件产品拥有数十万家企业客户,直接使用软件的专业人员超过100万人,市场占有率稳居行业前列。企业客户包括设计单位、建设方、施工方、监理机构等工程建设的各方机构。在建设方使用软件后,为方便业务对接,一般总承包企业、相应的分包企业也会使用该软件。

同时,由于建筑行业应用软件的专业性非常强,工程师熟悉这些软件需要付出很大的时间成本。一家公司一旦应用了某个软件，在该软件性能优良和后续服务到位的前提下，几乎不可能换另一个。高额的客户转换成本给广联达带来了宽广的护城河。2010年上市之后，广联达的股价也多是上升趋势，如图6-12所示。

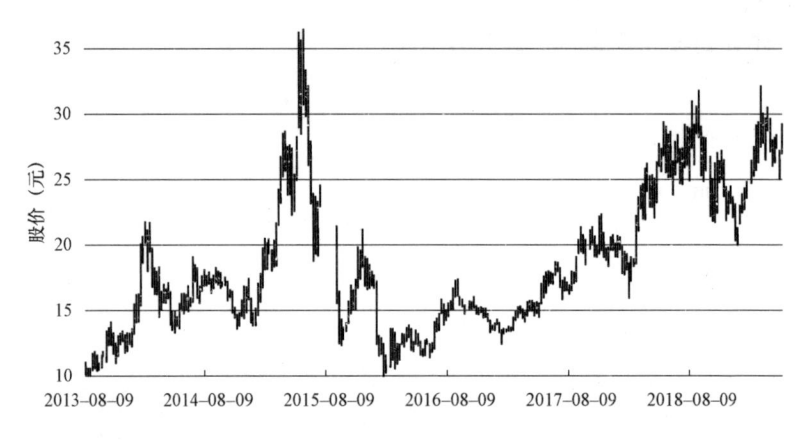

图6-12 广联达股价走势

资料来源：益盟智盈。

那么，问题来了，什么样的产品、公司和行业具有很高的客户转换成本呢？主要有以下几类。

第一，制造业里需要经过严格品质认证的产品。比如汽车产业供应链中的公司。汽车行业对安全性要求很高，所以涉及安全的产品，都有严格的进入壁垒。但产品一旦进入，客户就不会轻易更换供应商，供应商就能获得持续的订单和利润。

第二，消费品领域的公司。在消费品领域，比如零售业、餐饮业，客户转换成本是非常低的。消费者可以从一家服装店到另一家，或者换一家餐厅。于是许多公司开始尝试通过增值服务来留住客户。比如现在的智能手机公司，它们都提供云服务，让用户把照片、通讯录、记事本等免费同步到云上，很大一个原因是增强用户黏性。用户如果不用它的产品，要处理这些东西很麻烦。

第三，金融服务业，比如其中的银行。你上次更换开户银行是什么时候？除非你刚换了开户行，否则我猜一定有一段时间了。据统计，存款账户平均转换率为15%，也就是说绝大多数银行客户6~7年才会换一次账户。因为客户重新开户要填写一大堆表格，而银行卡可能还关联了支付宝、微信、水电费账户、工资账户、房贷账户等，所以很多客户并不愿意改变。

第四，学习成本特别高的产品，如Office软件等。当公司应用了某种软件，员工熟悉之后，公司再换新软件，就需要花费大量时间培训员工，这是一个比较长的磨合期，产生的成本太大，这是公司不愿意看到的。

总之，客户的高转换成本，是一个企业的护城河。识别转换成本也没有你想象的那么困难，只要你站在客户的角度去思考，换一个产品或者服务是不是需要花费很多时间，或者是不是需要很多金钱，你就会直观地感受到，这家企业的产品或者服务是不是具有高转换成本。

渠道优势

我们经常听人说"渠道为王"。拥有更多的渠道，意味着企业能抢占更多与消费者接触的机会，就有可能占有更多的市场份额。所以，对消费品企业来说，渠道优势是非常深的护城河。

我举一个例子。苏宁易购，也就是以前的苏宁电器，它曾经占据了主要的家电销售渠道。当时的背景是，消费者购买家电，渐渐从传统商场向家电卖场转移，而家电卖场主要被苏宁、国美等公司垄断。渠道对家电厂商非常强势，具有完全的控制力。2010年，我和家电研究员、苏宁电器的研究员一起讨论股票，讨论后大家发现家电行业太艰难了，净利润率只有两三个百分点，而苏宁电器的利润率却很高。苏宁电器开一家店，2~3年就能收回投资成本。当时我们就感慨，渠道护城河很重要。

苏宁电器从2004年上市到2011年，营业收入实现了超过10倍的上涨，净利润更是从1.81亿元飙升到48.21亿元，年复合增长率高达60%。

与此同时，苏宁电器的股价也一路上涨。在2015年高峰时，按复权价计算，股价一度超过1 600元，是16.33元上市发行价的97倍多，如图6-13所示。这是苏宁电器凭借渠道优势创造的辉煌，然而之后的情况就大不相同了，因为它受到了互联网电商的冲击。

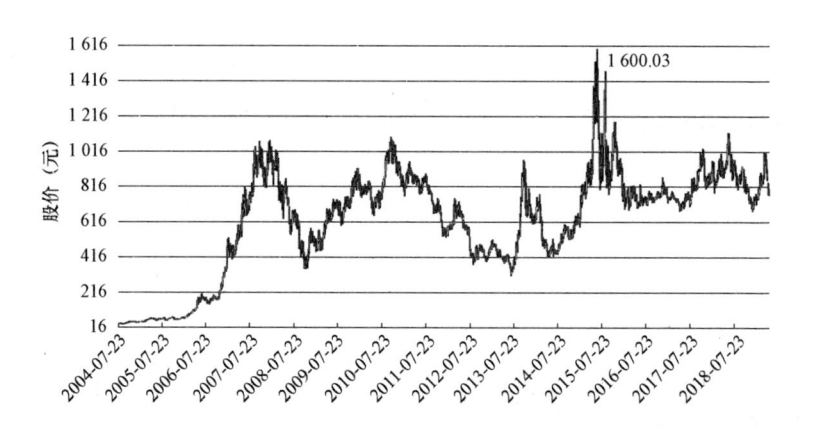

图6-13 苏宁电器（苏宁易购）股价走势（后复权）
资料来源：益盟智盈。

我们来看第二个案例——海天味业。

海天味业是近两年的大牛股。公司的营业收入从2009年的40多亿元增长到2017年的140多亿元，与此同时，净利润从2009年的7亿元增长到2017年的35亿元。可以说，海天味业的业绩非常亮眼，增速也很可观。最近几年，绝大部分股票的价格深度回调，大盘遭遇熊市，但海天味业的表现很不错，从 2017 年年初的 28 元，一路上涨，当中虽有回调，但 2019 年 2 月，股价已超过 90 元。海天味业股价走势如图 6-14 所示。

图 6-14　海天味业股价走势

资料来源：益盟智盈。

海天味业出色的业绩和股价表现，在国内快消品行业堪称奇迹，这归功于海天味业的销售渠道。在年产能达到 200 万吨的同时，海天味业逐步建立起覆盖全国的渠道网络。到 2016 年，海天味业的渠道已覆盖全国市场，下沉到县级市，有近 30 万个终端网点，3 000 多家经销商，终端覆盖率远远超过竞争对手。

强大的营销网络，使得海天味业能够跨品类销售产品，比如它不但销售酱油，还销售蚝油、豆酱。这样，海天味业就能把它的渠道优势复制到其他产品上，获取更多的利润。

当然，海天味业除了本身的渠道优势，它的产品质量确实过硬，形成了良好的品牌效应，所以才会受到消费者的喜爱。

我们讲了渠道护城河的作用，但要提醒大家，渠道护城河有可能被侵蚀。还以苏宁为例，2012年网购兴起，当时苏宁对京东这样的电商平台还嗤之以鼻。然而现实教育了苏宁，短短几年的时间，网络销售模式就撼动了传统家电卖场用20多年打下的江山。2012年，苏宁净利润从2011年的48亿元下滑到26亿元，下滑约46%，2013年更是下滑到3.7亿元，一直到2016年，净利润始终在个位数徘徊，剔除投资收益，它其实一直在微利甚至亏损的状态。

曾经强大的护城河已经不再，苏宁果断转身，走上了向互联网公司转型的道路，包括上线网上商城、引入阿里巴巴作为战略股东。这也取得了一定成效，2018年苏宁的净利润涨了5倍。苏宁的案例告诉我们，哪怕是再强的渠道优势，也有可能被颠覆。

但不管如何，渠道优势是很深的护城河。在A股市场，拥有渠道优势的公司主要有以下几种类型。

一是占据流量入口的互联网公司，如阿里巴巴、京东。二是占据线下流量入口的连锁超市、连锁卖场等，如高鑫零售、永辉超市。三是产品有规模效应，并且和前两者形成战略合作，抢占它们入口的产品方，如海天味业。

技术领先是不是护城河

除了品牌、网络效应、成本优势、高客户转换成本、渠道优势这些护城河，很多人认为领先的技术也是公司的护城河，但我们认为，单纯的领先技术不是很深的护城河。这可能出乎大多人的意料，为什么这么说呢？我们先来看一个案例。

2017年年底，我们写了一篇文章《乐视之后，谁可能是下一个破灭的泡沫？！》，说到科大讯飞的语音识别技术在业内领先，被资本市场热捧，且估值很高。我们在这篇文章中提出，科大讯飞的技术领先能否持续？它的领先技术能不能转化为吸引用户的产品？能不能转化为持续赚钱的商业模式？最后的结论是，单纯的领先技术并不能保证科大讯飞获得护城河。科大讯飞的股价从2017年最高点的近50元，一路下跌到2018年年底的23元，验证了我们的分析。科大讯飞股价走势如图6-15所示。

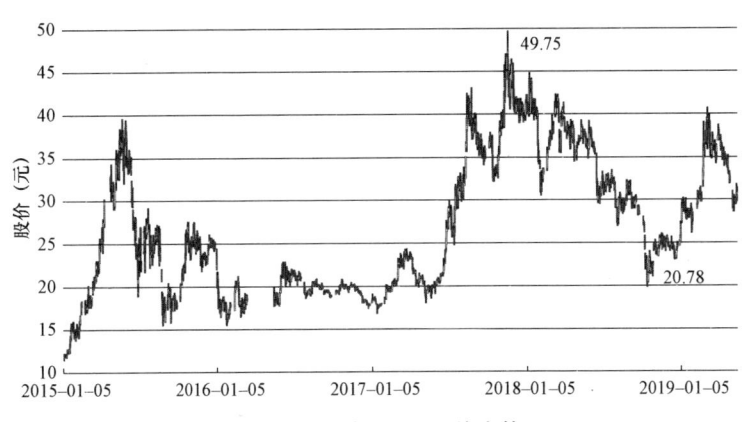

图6-15 科大讯飞股价走势

资料来源：益盟智盈。

科大讯飞的领先技术为什么没有形成护城河呢？

首先，我们来看科大讯飞引以为傲的语音识别技术。它的语音识别技术在多项比赛中蝉联第一，目前在国际领先，但是各大公司的识别率差距并不大，许多公司的语音识别率都已经达到95%以上，这样微弱的领先优势不足以使科大讯飞形成强大的护城河。

其次，BAT等巨头开始在人工智能领域发力，快速追赶技术甚至赶超，科大讯飞的技术领先优势迅速缩小甚至消失，但BAT的流量、应用场景、资金实力等优势，是科大讯飞远远不能比的。巨头已经开始发力，原有的领先者面临巨大的挑战。这在CDN领域已经发生，网宿科技就是前车之鉴。

比如，虽然科大讯飞早在2015年就推出了叮咚智能音箱，但一直到2017年8月，整个国内智能音箱市场累计销量只有15万台，即便科大讯飞是市场的第一名，销量也很少。阿里巴巴2017年也推出了智能音箱——天猫精灵，价格比科大讯飞的便宜，"双11"一天的销量便达到100万台。可见，一旦有实力的巨头在语音识别领域发力，科大讯飞的市场地位便岌岌可危。

最后，科大讯飞的财务报表没有体现高科技公司应有的特点。曾有财务专家说道："从财务报表来看，科大讯飞在经营层面是一家快速增长但含金量不高的公司；在管理层面，是一家扩张很快但效率低下的公司；在财务层面，是一家擅长募资但却不擅长赚钱的公司；在业绩层面，是一家大手笔花钱但股东回报率低的公司。其光鲜增长的背后，其实隐藏了巨大的风险。"对于这个观点，我们基本认同。

从营收占比来看，科大讯飞前三的业务依次为教育产品及服务（27%）、信息工程（25%）和电信增值产品运营（12%），这表明它目前仍是一家主营软件产品、服务和系统的企业，盈利主要来自传统业务，完全不能支撑上百倍市盈率和近千亿元的市值。

2018年，市场也开始注意到潜在风险，科大讯飞股价被腰斩。而那些曾经顶着高科技光环的公司，如生物技术公司、区块链公司等，大多数都以亏损收场。

科技股为什么看上去值得持有，却不是好的长期投资标的呢？原因有以下几点。

第一，单纯的技术公司的护城河不深。"一招鲜"的领先技术，容易被模仿甚至被超越，一般来说，两三年的技术，基本上已经没有优势。技术只有能落地为产品能力、营销能力和品牌力，才能给公司创造可观的利润，公司再利用自己的盈利能力，建立起强大的、持续的技术研发能力，才是护城河。海康威视就是典型的案例。在A股市场，有些公司头顶高科技的光环，如人工智能、生物技术等，但销量和利润却很少。这样的公司，A股市场很多，估值却很高。对这样的公司，大家一定要小心。

第二，不少科技公司，在商业模式上称雄，但在核心技术上却受制于人。比如一家著名的基因测序公司，其实并没有技术壁垒，因为基因测序行业中，最有价值、最有壁垒、最赚钱的，是生产测序仪器的供应商，现在相应的业务主要被几家国际厂商垄断。

第三，科技股的估值往往偏高。估值高，未来的投资回报率自然就低。

正因为这些原因，不管是美国股市还是中国股市，长期牛股往往是那些具有品牌优势、低成本、渠道优势、高转换成本等护城河的公司。在中国，是贵州茅台、伊利股份、海螺水泥、格力电器、招商银行这样的公司；在美国，是卡夫（Kraft）、雷诺烟草（RJR）、标准石油（Standard Oil）、可口可乐这样的公司。两个市场的长期牛股中，很少有高科技公司。

以后，再有科技题材，我们不妨先问问自己，这家公司是否真有领先的技术？更重要的是，所谓的领先技术能否给公司带来利润？能否形成我们之前讨论的护城河？如果不能，我们就要小心。

延伸阅读

新技术的"电影院困境"

一个新技术，有人率先运用，会获得一定的超额利润。但如果不能形成壁垒，技术一定会扩散，最终形成"**电影院困境**"——率先站起来的人看得更清楚，但其他人也会跟着站起来，大家虽然都更努力了，但是并没有看得更清楚。

电力、计算机、互联网+等应用均是如此，先行者只能获得短暂的领先地位。定制家居行业也经历了类似的窘境，原来只有一家定制家居公司的时候，它能获得显著的竞争优势，而上市融资后，能扩大投入，保持领先地位。但当其他公司纷纷跟进并且也都上市融资之后，竞争不可避免地加剧了。将来这样的案例还会出现，比如"人工智能赋能"、"柔性制造"等应用都会如此。对企业来说，这样的技术扩散是噩梦，因为被迫不断增加投入却不能增加利润。但对社会而言，这就是熊彼特（Schumpeter）所说的"**破坏式创新**"，它是社会进步的强大动力。

所以，我们遇到"新技术赋能"或者"新商业模式赋能"的公司或者主题，一定要看竞争对手会不会跟进、能不能跟进。

能干的管理团队非常重要

除了我们讲的这些护城河，在高度竞争行业，能干的管理团队也很重要。有些行业具有天然的垄断属性，如公用事业，这样的"幸运"行业对管理团队要求并不高。但处于高度竞争、不那么"幸运"行业的公司，能干的管理团队就非常重要。

在竞争激烈的行业里，管理团队对公司的战略、营销、管控等关键领域都有举足轻重的作用，管理团队的能力，直接决定了公司的长期竞争力。

中国平安，经过几十年的发展，从深圳的一家小公司发展成为中国金融业的巨头。2007年，中国平安和中国人寿差不多时间登陆A股市场，当时资本市场更看好中国人寿，因为中国人寿作为国有企业,享有的资源远超中国平安。但经过10多年的发展,中国平安已经把曾经的巨无霸中国人寿远远甩在后面。

曾经光明有机会争夺乳制品行业龙头的地位,但今天,光明的销售额、利润和市值,只有伊利的零头。

福耀玻璃在实际控制人的领导下,已经成为全球规模最大的汽车玻璃供应商之一,在海内外拥有极高的声誉。

行业中龙头公司的崛起,和背后的优秀管理团队密不可分。就如赛马,很多人认为决定性因素是马,其实是骑手。

如果你想在不那么"幸运"的行业中寻找最终胜出者,那么你一定要找到能干的管理团队。

公司团队能干,对公司长期发展至关重要。适当的激励,对激发团队战斗力、保留优秀团队同样至关重要。

激励不足,不能有效激励团队,长期来看,会损害公司的竞争力。A股上市公司中,很多是国有企业,国有企业的员工认为"多干少干一个样,多干多错,少干少错",所以在完全竞争行业中很少有国有企业胜出,这和激励不足有关系。有的国有企业甚至有限薪等问题,激励显然不足。

反过来,过度激励,特别是过度的短期激励,会刺激管理团队冒险,因为公司赚了钱,自己自然可以获得高奖金,公司亏钱,最坏的情况是自己离职。2008年的金融海啸,就和华尔街的过度的短期激励有关,因为华尔街那些投行精英都想赚快钱、赚大钱,不顾一切地加杠杆,制造金融核弹,最终导致百年一遇的金融危机。

所以,在研究一家公司的时候,我们要注重激励的有效性、长期性,激励不够和过度的短期激励都是公司治理的大敌。

当心被侵蚀的护城河

所有的护城河都不是一成不变的，有些公司的护城河，随着时间的推移会消失。我觉得消失的原因有以下3个。

第一个是技术变革。大家知道，胶卷时代的王者是柯达，而柯达现在已经倒闭。我们原来用短信，现在基本不发短信，因为它被新技术所替代。

第二个是行业变迁，即很多的商业模式发生了变化。最典型的是苏宁，原来它是一家非常有实力的公司，在电商的冲击下开始亏损。10年前，很多人为了养老买商铺而不买保险，因为商铺被出租后，出租者能天天收租金，还能对抗通货膨胀。可是近几年，商铺却很难卖出，因为实体店铺受到电商的冲击太大，这就是行业变迁。

第三个是公司的自杀性增长。这是指公司盲目扩张，把原来一个很好的公司折腾垮。比如，之前格力电器要做半导体，这让很多投资者不明白，因为半导体需要很大的开支，同时会影响格力电器未来的分红计划，短期的股价已经证明市场对这一想法不买单。

如何识别公司有无护城河

如何了解公司的核心竞争力呢？我们可以看招股说明书、券商报告、专业网站，还可以找行业专家、下游用户等谈一谈，这样基本就能了解这家公司的核心竞争力。分析公司的核心竞争力还有一个办法，就是用指标进行分析，比如市场占有率。有些公司声称自己竞争力很强，那就应该有相应的指标来证明。这些指标包括市场占有率、主营业务收入增长率、毛利率、净利率、净资产收益率等。当然，你不能仅看这家公司，还要找几家对标公司进行比较分析，比如分析贵州茅台，就找泸州老窖、五粮液，把它们放在一起，对比相应指标，基本就能得出贵州茅台竞争力很强这个结论。

我们来看两家造纸公司，规模都很大，都是龙头公司，一家是晨鸣纸业，一家是华泰股份。我们把指标放在一起，就知道哪家的竞争力强。2008年，两家公司发展得都很好，毛利率都是19%，净利润分别为8%和6%，差异不算大。到了2012年，两家情况都不好，因为造纸行业进入低谷。2015年，两家公司差异非常大，一家毛利率是27%，另一家只有13%；一家净利润为5%，另一家只有0.5%。我们只要一看指标，就知道两家公司的竞争力差异，从投资角度来看，我们首先要关注晨鸣纸业。

讲到这里，我们已经可以把赛道和公司结合起来做简单的判断。大家看表6-4，好行业+公司有核心竞争力，市场会给予公司更高的估值。如果行业一般，公司在行业里又没有核心竞争力，这样的公司只能被给予低估值。

表6-4 不同行业和不同竞争力公司的估值情况

	好行业	差行业
公司有核心竞争力	高估值	平均估值
公司没有核心竞争力	平均估值	低估值

但是A股市场经常是反过来的情况，很多公司，所属行业很差，自身也没有竞争力，但是市盈率很高，有80倍，甚至100倍，所以从基本面投资的角度，我们就不要购买这种股票。反过来，有些不错行业的龙头公司，有很强的核心竞争力，估值却很低，这说明市场定价是错的。市场出错时，就是我们投资机会出现的时候。

用"显微镜"检验公司财务状况

做完公司的赛道、公司竞争力的分析之后,我们要做详细的财务分析。财务分析需要细致的研究,所以我把它称为"显微镜"。

财务分析的目的是什么?财务分析不是算出几个财务数据就结束,而是通过财务指标"验证"定性研究的结果,包括验证公司的业务模式、经营战略以及公司的竞争力(护城河)等。

假设一家公司宣称自身发展得发错,我们就需要用它的财务指标验证,而其毛利率只有10个点,主营业务收入增长只有5个点,净资产收益率只有5%,那你就要打个问号,因为再好的公司也要落实到毛利率、成长性、盈利能力等指标上。又比如一家消费品公司宣称自己产品走的是高端定位、差异化策略,但它的毛利率比同行低,营销投入也比同行低,那么你要对这家公司打个问号,因为高端定位和差异化策略,往往意味着高毛利率和高营销投入。

所有的定性研究和定性逻辑都要落实到公司的财务数据上,我们要学会用财务指标来验证公司到底经营得怎么样。在这一部分,我们简单介绍几方面的内容:了解3张报表,四大维度验证公司质地,识别财务欺诈。

简单了解3张报表

首先,我们来讲一讲财务分析的三大表:资产负债表、利润表(损益表)和现金流量表。这3张表是财务分析最基本的原材料,我们分别看看这3张表是解决哪些问题的。

（1）资产负债表，我把它比喻成一张照片或者一张 X 光片。它反映的是某个特定时点公司的状态。在我们 A 股市场，季报是反映季度末这个时点公司的状态，年报反映的是年末这个时点公司的状态。通过资产负债表，我们能清晰了解某个特定时点，公司有什么资产，公司欠了什么债，以及公司股东拥有多少权益。所以，我们讲到资产负债表的时候，一般都会说是哪一天的资产负债表。

（2）利润表，我把它比喻成录像。比如 2018 年的利润表，就是 2018 年 1 月 1 日到 2018 年 12 月 31 日这段时间的录像。这段录像，反映了公司在这个时间段里，收入怎么样，支出怎么样，利润怎么样——有没有赚钱，赚了多少钱。所以，我们讲到利润表的时候，一般讲的是哪一个时间段的利润表。

（3）现金流量表，是从资产负债表和利润表衍生出来的。对所有公司来说，现金是非常重要的。很多公司辛苦一年，看上去赚了不少钱，但到年底，公司银行账户的现金没有增加，原来赚的钱都变成应收账款。对于这样的公司，我们要非常警惕。正因为现金很重要，所以监管部门要求上市公司披露过去一段时间的现金流入和流出情况，这就形成了现金流量表。现金流量表也是录像，比如 2018 年的现金流量表，反映的是 2018 年 1 月 1 日到 2018 年 12 月 31 日这段时间公司现金流入和流出的情况。所以，我们讲到现金流量表的时候，讲的也是某一段时间内的现金流量表。

我们通过日常生活中的案例，来理解这三大表。

小王和太太都有稳定的工作，他们名下有一套房和一辆车。我们看表 6-5，这是截至 2017 年 12 月 31 日，小王和太太的资产负债表，也是一张"照片"。

表 6-5 2017 年小王的家庭资产负债表

资产		负债	
项目	金额（万元）	项目	金额（万元）
现金+存款	13	银行抵押贷款	215
股票	28		
房子	500		

所以，小王一家总资产是 541 万元，其中，现金和存款 13 万元、股票 28 万元、房子 500 万元。但与此同时，我们也发现小王一家累计负债 215 万元，都是抵押贷款。两者的差额 326 万元是小王的身家。对于上市公司来说，这就是股东权益或净资产。

表 6-6 是截至 2018 年 12 月 31 日，小王的家庭资产负债表。

表 6-6 2018 年小王的家庭资产负债表

资产		负债	
项目	金额（万元）	项目	金额（万元）
现金+存款	5	银行抵押贷款	200
股票	20		
房子	500		

我们发现，一年之后，小王一家总资产是 525 万元，现金和存款 5 万元、股票 20 万元、房子 500 万元。但与此同时，我们发现小王一家累计负债 200 万元，房贷比去年年底少了 15 万元，也就是还了 15 万元的贷款本金。剩下的 325 万元是小王 2018 年年底的身家。

我们还发现，小王 2018 年年底的身家比 2017 年年底的少了 1 万元，从 326 万元变成了 325 万元。

我们再看一段"录像"，从 2018 年 1 月 1 日到 2018 年 12 月 31 日，小王和太太的收入支出情况见表 6-7。

表 6-7　2018 年小王的家庭收入支出表

项目	金额（万元）
工资收入	30
奖金收入	5
日常生活支出	18
利息支出	10
股票亏损	8

我们帮小王算一算，2018 年全年他们家是否赚钱。我们通过计算，小王家全年收入一共是工资收入 30 万元和奖金收入 5 万元，共计 35 万元。支出是日常生活支出 18 万元和房贷的利息支出 10 万元，合计 28 万元，再加上股票的亏损 8 万元，一共是 36 万元。通过计算，2018 年小王家亏了 1 万元，这也就是小王和太太的利润表。上市公司的利润表也是这个道理。重要的是，小王家身家少了 1 万元，和他们家全年亏损 1 万元，就对上了，这就是利润表和资产负债表的对应关系。

接下来，我们看现金流量表，它是前面两张表衍生出来的。现金流量其实是一个公式：年末的现金余额＝年初的现金余额＋当年的现金流入－当年的现金流出。

小王家 2018 年全年的现金流量是这样的：年初有 13 万元的现金和存款，到了年底，只有 5 万元，一年下来少了 8 万元。前面我们说过,小王家 2018 年亏损 1 万元,但为什么现金和存款少了 8 万元而不是 1 万元呢?

我们仔细看表 6-8 中小王家现金流量情况。

表 6-8 2018 年小王的家庭现金流量表

项目	金额(万元)
年初现金余额	13
现金流入	35
工资收入	30
奖金收入	5
现金流出	43
日常生活支出	18
利息支出	10
还贷款的本金	15
年末现金余额	5

小王和太太 2018 年工资收入加奖金收入是 35 万元,他们的公司都没有拖欠员工工资,所以这 35 万元是现金流入。小王和太太 2018 年的日常生活支出 18 万元和房贷的利息支出 10 万元,都是现金流出,这些都好理解。

但有一些就不容易理解。2018 年小王一家还贷款的本金是 15 万元,大家知道,我们每年还银行的钱中,一部分是本金,一部分是利息。小王 2018 年一共还了银行多少钱呢?本金 15 万元加利息 10 万元,一共是 25 万元。这 25 万元都是现金流出,因为都是从小王家银行卡里流出的,所以都在现金流量表中。但还银行贷款本金的 15 万元没有进入小王家的利润表,为什么?因为这 15 万元,是还银行的本金，不是生活支出或者投资亏损，所以不能进入利润表，就好比我们从银行借钱的时候，也不能把借进的钱作为收入。但利息是成本，要进入利润表。

还有一个项目很有趣，就是股票亏损 8 万元。这 8 万元，是要进小王家的利润表的，因为确实亏损了。但这 8 万元，却不能进入现金流量表，因为这 8 万元并没有从小王家银行卡里转出。所以，小王家 2018 年现金流入是 35 万元，现金流出是 43 万元，所以当年现金减少了 8 万元，从 13 万元变成了 5 万元。这就又和资产负债表对应起来了。

现在大家应该理解了，这 3 张表之间是有一定对应关系的。利润表里的有些项目，是要进入现金流量表的，但有些项目是不进入现金流量表的，所以不是一一对应的关系。

我们看了这 3 张表之后，对小王家的财务状况有了基本了解，我们做一个小结。

第一个结论：小王家是"有产阶级"，因为身家（净资产）是 325 万元。

第二个结论：2018 年小王家入不敷出。支出大于收入的主要原因是股票亏损（上市公司报表里是"非经常性损益"）。小王和太太的经常性损益为 35 万元工资和奖金收入减去 18 万元日常生活支出、10 万元的利息支出，即 7 万元。如果 2018 年没有股票亏损的 8 万元，他们当年的盈利是 7 万元。

第三个结论：现金流压力大，现金流是 -8 万元，因为他们要还银行贷款的本金 15 万元。

结合这个案例，我们有了很形象的认识：资产负债表是一家公司的底子，公司家底厚不厚，要看资产负债表；利润表是一家公司的面子，公司风光不风光，要看利润表；现金流量表是一家公司的日子，公司宽不宽裕，要看现金流量表。

四大维度验证公司质地

有了3张报表的基本知识，我们就要用其中的数据来验证公司的质地，我们从4个维度来评判公司的质地：**成长能力、盈利能力、经营效率和经营风险**。判断成长能力的指标有哪些？比如主营业务收入增长率、营业利润增长率和净利润增长率。反映公司盈利能力的指标有哪些？毛利率、净利率和净资产收益率等。反映公司经营效率的指标有周转率、存货周转率、应收账款周转率、固定资产周转率等。反映公司经营风险的指标，主要是负债率等。

如何评估公司的成长能力

评估公司的成长能力的指标，主要有主营业务收入增长率、营业利润增长率和净利润增长率。这些指标的计算很简单，当年的增长率和过去3~5年的平均或复合增长率的计算公式为：

$$\frac{\text{当年的主营业务}}{\text{收入增长率}} = \frac{\text{当年的主营业务收入} - \text{上一年的主营业务收入}}{\text{上一年的主营业务收入}}$$

$$\text{过去3年的主营业务收入的复合增长率} = \sqrt[3]{\frac{\text{当年的主营业务收入}}{3\text{年前的主营业务收入}}} - 1$$

大家要对A股市场上市公司的平均增长率的水平有基本概念，大部分年份的增长率在5%至10%这个区间。如果一家公司每年的增长率为8%左右，从增长率来说，它是一家普通公司。如果一家公司每年的增长率为20%以上，那它可以算得上是高成长公司。A股市场上市公司增长率情况如图6-16所示。

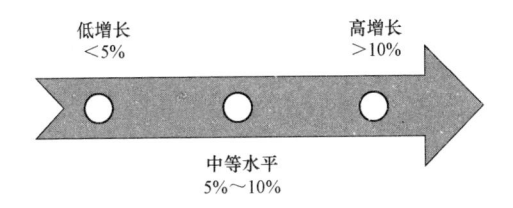

图 6-16 A股市场上市公司增长率情况

资料来源：市场公开信息。

当然，投资者不仅要看整个A股市场，还要和同行业公司做具体比较。如果同行业公司的增长率都在30%以上，那即便是20%的增长率，也是低速增长。

除此以外，我们还要分析一些异常因素，这些异常因素会导致增长率的失真。

第一个异常因素是借壳。我们来看一个例子，大家对分众传媒都不陌生，这家公司在全球范围内首创了电梯媒体。我们在办公楼、商场、小区的电梯旁总是能看到屏幕上的各种广告，这就是分众传媒发掘的商机。据公司宣传，现在中国4亿人的城市人口中每天有2亿人都能看到分众传媒的广告。2005年，公司成为首家在美国纳斯达克上市的中国广告传媒公司，并在2007年入选纳斯达克100指数的成分股。2015年，分众传媒回归A股市场，借壳七喜控股上市，成为中国传媒第一股。那么，现在的问题是，在分众传媒借壳上市以后，我们如何评估公司的成长能力？

如果只关注上市公司2014年到2015年的业绩变动情况，很多投资者可能觉得它的成长能力特别好，归母公司净利润从650多万元增长到接近34亿元，增长达到500多倍，完全是质的飞跃。但是真实的成长能力当然不能这样简单计算，因为一般的数据库，都是按照图6-17的数据来披露的，但2013年和2014年的数据，实际上并不是分众传媒的利润，而是七喜控股的利润，2015年及以后的数据，才是分众传媒的利润，所以借壳前后的数据其实没有可比性。

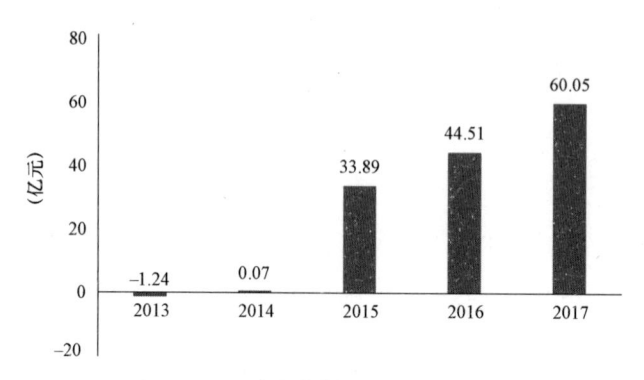

图 6-17 分众传媒归母公司净利润

资料来源：市场公开信息。

我们不能简单依靠一般的数据库，而要到公司公告中找到分众传媒借壳上市的备考报表[①]。通过备考报表，我们发现分众传媒在 2014 年的归母公司净利润是 24.1 亿元左右。因为七喜控股一直在亏损边缘，2014 年的归母公司净利润只有 0.07 亿元，所以备考报表基本反映的是分众传媒的业绩。2015 年分众传媒的归母公司净利润为 33.89 亿元，所以，公司真正的增长率是 40% 左右。

第二个异常因素是重大资产重组。天润数娱，原名是天润控股，主营业务是传统的物业租赁，但主业不景气，一直在亏损边缘。所以公司决定转型，利用外延并购的方式进军移动网络游戏领域。公司在 2015 年拟要收购一家叫点点乐的游戏公司，并且在 2016 年第二季度实现并表。天润数娱归母公司净利润如图 6-18 所示，我们发现公司的业绩在 2015 年到 2016 年扭亏为盈。从亏损 0.04 亿元，变成盈利 0.54

---

① 上市公司在发生重大资产重组时，依靠原有的会计报表已不能对比分析重组前后的财务状况，所以上市公司一般被要求根据重组后的经营数据，模拟出公司的历史报表，这个模拟报表叫备考报表。

亿元。但是和借壳的情况一样，我们不能从这两个数据分析出公司的真正增长率，所以我们需要做出调整。

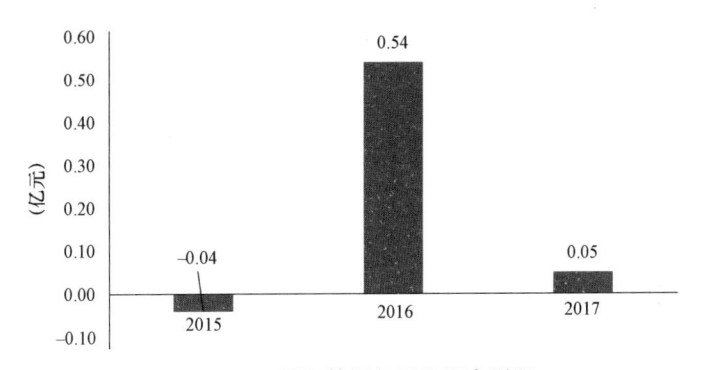

图 6-18　天润数娱归母公司净利润

资料来源：市场公开信息。

首先，我们要找到点点乐公司的盈利数据。点点乐 2015 年的利润是 6 500 万元，2016 年的利润是 8 056 万元，如果我们假设天润数娱在 2015 年、2016 年和点点乐公司并表，那么我们最终得到的利润数据应该是 2015 年的归母公司净利润 6 060 万元左右，2016 年的归母公司净利润 7 070 万元左右，所以公司在 2016 年的利润增长率应该是 17% 左右。还原了真实的增长率，大家就会发现现实远没有那么乐观。

第三个异常因素是非经常性损益。所谓非经常性损益，通常是指和企业的主营业务没有直接关系的各项收支。如果你开了一家餐馆，你的经常性损益就是经营餐馆的收入和支出。若一位客人将钱包忘在餐厅里也没回来找，那你就多了一笔收入，这种不可持续的、偶然发生的损益，是非经常性损益。如果我们把非经常性损益导致的公司业绩变动当成公司高成长能力的表现，那我们在投资中就很容易踩雷。

A 股市场这样的例子很多，一家叫广东甘化的公司，主要业务是造纸和制糖，都是传统的业务，盈利能力不强，从2012年到2014年利润一路下滑，即将亏损，结果在2015年突然实现了1.77亿元的盈利，在2016年也维持了上亿元的盈利水平，见表6-9。难道公司实现了困境反转，盈利能力大幅提升？事实当然不是这样的。

表6-9 广东甘化净利润

	2016年	2015年	2014年	2013年	2012年
净利润（亿元）	1.02	1.77	0.10	0.36	0.47

资料来源：市场公开信息。

其实，公司长期依赖非经常性损益来提高业绩，2013年和2014年的非经常性损益相对较少，2015年和2016年出现了大额的营业外收入，这直接导致公司在这两年的利润规模大增。营业外收入大部分是靠处置非流动资产（卖土地）得来的，少部分是政府补贴的。但是，我们必须认识到，这种非经常性损益是不可持续的，这样的业绩增长没有参考价值。因此，我们用"扣除非经常性损益后的净利润"来考察公司真实的业绩表现。在剔除非经常性损益以后，我们会发现，公司主业其实长期处于亏损状态，而且亏损的额度越来越大，显然，这家公司真实的业绩是在持续恶化的。

我们简单做一个小结。我们在判断公司成长能力时，一般会用到3个指标：主营业务收入增长率、营业利润增长率和净利润增长率。但是我们在运用这3个指标时，必须剔除异常因素的影响，保持前后比较对象的一致性。这3个异常因素包括借壳、资产重组和非经常性损益。A股市场很多公司通过转行、外延并购、非经常性损益等异常因素"创造"非常漂亮的财务报表。一些个人投资者也特别认可，看到利润大幅增长，就特别安心。但这种增长的质量是非常差的，是不可持续的。

延伸阅读

为什么有的成长创造价值，有的成长毁灭价值？

二级市场的投资者非常看重公司的成长能力。但成长对公司来说，未必创造价值。我们对公司的成长，主要从营业收入增长率、净利润增长率等方面进行评估。但同样是成长，质量是有很大差异的：有的公司只需要较少的投入，就能够有高产量；有的公司不断融资，产量却很低。有的公司成长创造价值，有的公司成长毁灭价值。

没有护城河的公司的成长往往是伪成长，例如以"烧钱""送钱"为手段来吸引人的注意力。客户黏性和转换成本很低的行业，通过让利带来的无利润增长是不可持续的，是典型的成长陷阱。

有些公司，为了达到资本市场的预期，什么赚钱就做什么，随意进入新领域，易陷入盲目多元化的陷阱，这样主业不清晰、为了短期业绩偏离长期目标的公司，其成长也不创造价值。

从财务角度来看，公司创造价值的最佳衡量指标是投入资本回报率，它直接反映了公司投入和产出的效果。一家公司的投入资本回报率只有大于投入资本的资金成本时，它才真正创造价值。只有在这样的前提下，成长才是有质量的。

如何评估公司的盈利能力

评估公司的盈利能力有很多指标，我们介绍其中的 3 个指标：毛利率、营业利润率以及净资产收益率。

毛利率是公司毛利与营业收入的百分比，其中毛利是收入与相对应的营业成本之间的差额，用公式表示是：

毛利率=（主营业务收入-主营业务成本）/主营业务收入×100%

除了公司的整体毛利率，上市公司一般也会披露公司各细分业务和产品的营业收入和对应的营业成本，大家可以通过财报披露的相应数据计算出具体产品、业务的毛利率。

我相信大家对云南白药牙膏都不陌生，云南白药牙膏价格这么贵，毛利率究竟有多高呢？我们可以通过财务报表中的数据算出来。云南白药的营业收入和营业成本见表6-10和表6-11。

表6-10　云南白药营业收入

公司名称	营业收入（万元）		
	2016年1月至12月	2015年1月至12月	同比增减（%）
省医药有限公司	1 348 938	1 226 951	9.94
药品事业部	491 769	509 594	-3.50
健康产业事业部	375 677	335 451	11.99
中药资源事业部	94 395	65 140	44.91

资料来源：云南白药集团股份有限公司2016年年度报告。

表6-11　云南白药营业成本

行业分类	项目	2016年		2015年	
		金额（元）	占营业成本的比重（%）	金额（元）	占营业成本的比重（%）
医药制造行业	直接材料	2 032 746 541.98	84.72	2 411 926 898.64	88.08
医药制造行业	直接工资	90 800 546.33	3.78	61 945 430.51	2.26
医药制造行业	其他直接支出	10 675 041.40	0.45	25 959 136.03	0.95
医药制造行业	制造费用	265 141 804.33	11.05	238 555 571.85	8.71
	小计	2 399 363 934.04	100	2 738 387 037.03	100
日化品行业	直接材料	912 050 553.22	87.51	770 505 995.24	89.87
日化品行业	直接工资	38 463 075.99	3.69	33 407 205.58	3.90

续表

行业分类	项目	2016 年		2015 年	
		金额（元）	占营业成本的比重（%）	金额（元）	占营业成本的比重（%）
日化品行业	其他直接支出	1 004 975.77	0.10	699 820.65	0.08
日化品行业	制造费用	90 760 079.70	8.70	52 709 183.50	6.15
	小计	1 042 278 684.68	100	857 322 204.97	100

资料来源：云南白药集团股份有限公司2016年年度报告。

云南白药公司的健康产业事业部主要是生产、销售云南白药牙膏等日化品的，在表6-10里，我们可以看到，2016年牙膏等日化品的营业收入是37.57亿元，对应表6-11里2016年的营业成本是10.42亿元。找到这两个数字，我们可以计算出2016年该产品的毛利率：2016 年毛利率=（营业收入－营业成本）/营业收入×100%＝72%。

在中国A股市场，毛利率水平一般是多少？我们做过统计，一般制造型企业，毛利率大多在15%至30%之间。当然，不同行业，差异是非常大的。白酒行业的毛利率非常高，如贵州茅台，毛利率能达到90%以上。从云南白药的例子可以看出，牙膏的盈利能力是远超A股平均水平的。A股市场上市公司毛利率情况如图6-19所示。

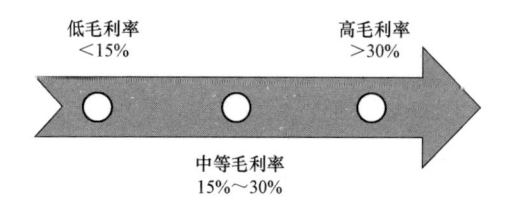

图6-19　A股市场上市公司毛利率情况

资料来源：市场公开信息。

即使是同一行业，不同公司的毛利率也有很大差异。我们还是来看牙膏的例子，作为对比，我们来看云南白药的竞争对手两面针的盈利能力。两面针主营业务分产品情况见表6-12。

表6-12 两面针主营业务分产品情况

主营业务分产品情况						
分产品	营业收入（元）	营业成本（元）	毛利率（%）	营业收入比上年增减（%）	营业成本比上年增减（%）	毛利率比上年增减（%）
日化品	526 956 357.67	409 542 320.92	22.28	-3.51	-3.91	0.32
纸浆、纸品	388 186 394.61	418 228 771.59	-7.74	27.71	24.88	2.45
三氯蔗糖	325 777 016.03	241 993 331.63	25.72	-4.92	-19.73	13.81

资料来源：两面针公司2016年年度报告。

与云南白药的日化品相比，两面针的毛利率水平要逊色很多。2016年，两面针的毛利率只有22.28%，不足云南白药72%毛利率的1/3。这两家公司牙膏等日化品的盈利能力从毛利率这一财务指标的对比中便可见一斑。

我们再看营业利润率，营业利润率代表了公司的实际盈利能力。

营业利润率＝营业利润/营业收入×100%

其中，营业利润＝营业收入-营业成本-营业税金及附加-管理费用-财务费用-资产减值损失+/-公允价值变动收益/损失+投资收益。

营业利润率与毛利率的最大区别在于，营业利润不仅要在营业收入中扣除直接营业成本，还要扣除营业税及其他间接的期间费用和损失。营业利润的公式较复杂，但我们可以在公司的利润表里直接找到这一项，不需要计算。

我们来看云南白药和两面针两家公司的营业利润率，见表6-13。

表6-13 云南白药和两面针的营业利润率对比

	2016年营业收入（亿元）	2016年营业利润（亿元）	2016年营业利润率（%）
云南白药	224.1	33.2	14.8
两面针	15.6	−0.2	−1.3

资料来源：市场公开信息。

2016年，云南白药公司的整体营业利润率是14.8%。而两面针公司在营业收入中扣除营业成本、营业税、期间费用和损失后的营业利润为−0.2亿元，营业利润率为−1.3%，这说明两面针公司在日常经营活动中已经在做赔本买卖。

在中国A股市场，我们做过统计，一般制造型企业的营业利润率大多在5%至15%之间，如图6-20所示。同样，不同行业之间差异是非常大的。白酒行业的营业利润率就非常高，像贵州茅台，营业利润率能达到60%以上。

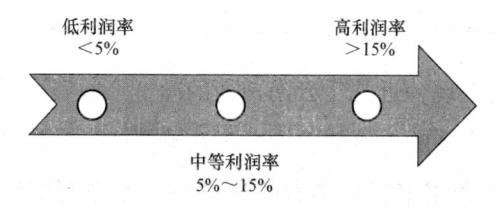

图6-20 A股市场上市公司利润率情况

资料来源：市场公开信息。

最后，我们来看一看净资产收益率。

净资产收益率=净利润／股东权益，这个指标反映的是股东投入资金的回报率。

我们看云南白药和两面针两家公司的净资产收益率，见表6-14。

表 6-14 云南白药和两面针净资产收益率对比

	2015年净资产收益率（%）	2016年净资产收益率（%）	2017年净资产收益率（%）
云南白药	20.63	18.57	17.44
两面针	-8.11	1.36	-7.74

资料来源：市场公开信息。

云南白药的净资产收益率整体较高，维持在15%以上的水平。它的盈利优势体现在哪里呢？一方面是云南白药的秘方以及它的商标权，这使得它的品牌优势比较明显，定价可以比竞品高很多；另一方面是云南白药"轻资产+快速周转"的类消费公司的经营模式。云南白药有白药"秘方"，与传统药企相比，它对研发投入的要求不高。公司可以委托加工，固定资产投入很少，而类消费公司可以快速周转资金，经营效率比较高。相较于云南白药，两面针的净资产收益率就要逊色很多。两面针净资产收益率常年为负，说明两面针为股东创造价值的能力要差很多。

除了与可比公司横向对比，我们还可以通过对公司净资产收益率变化趋势的分析，来看公司为股东创造价值的能力的变化情况。细心的读者会发现，近几年云南白药的净资产收益率处于下降的趋势，说明它高水平的价值创造能力正在被侵蚀。我们还可以发现，云南白药销售费用率近几年有明显增长，使净利率微幅下滑。其实，无论是云南白药所在的传统领域，还是它正在寻求突破的大健康行业，都是竞争比较激烈的赛道，公司在近几年的经营过程中感受到了一定的压力，体现在净资产收益率上，就是投资回报率的微幅下降。

净资产收益率非常重要，如果一家公司的净资产收益率很低，那就说明这家公司盈利能力弱。如果一家公司的净资产收益率很高，那这家公司每年能够创造很多利润。哪家公司的估值应该更高？当然是高净资产收益率公司。所以理论上来说，如果净资产收益率＜1年期银行存款的利率，那么股价＜每股净资产；如果净资产收益率＞1年期银行存款的利率，那么股价＞每股净资产。

中国A股市场有很多高净资产收益率公司，它们的市净率（市净率=股价/净资产）反而低；很多低净资产收益率公司，包括很多垃圾股，它们的市净率反而高，我们投资一定要远离那些净资产收益率很低，但市净率很高的公司。净资产收益率很重要，它是跟公司的估值相关的。

在A股市场，净资产收益率水平一般是多少？我们做过统计，大多在5%至10%之间，如图6-21所示。

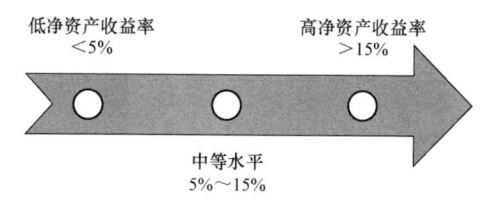

图6-21 A股上市公司净资产收益率情况

资料来源：市场公开信息。

如果你是投资者，前面两家公司，你青睐哪一家？云南白药。因为它的毛利率高，营业利润率高，净资产收益率也高。这几个因素综合起来，云南白药的盈利能力就比两面针好。但是，云南白药的净资产收益率是在逐年下降的，投资者对于逐年下降的数据要警惕。这是否意味着公司所处的赛道发生了变化？公司的护城河是否在遭侵蚀？公司的盈利能力是否有所下降？所以，我们不仅要通过横向比较，找到毛利率、营业利润率、净资产收益率等财务指标有相对优势的公司，而且要动态跟踪这些指标的变化，从而找到盈利能力强且持续向好的价值标的。

最后，大家要注意净资产收益率的计算。前面我们提到非经常性损益的影响，所以我们在计算净资产收益率的时候，要把非经常性损益扣除掉。

如何评估一家公司的经营效率

成长能力和盈利能力是我们投资者最常用的指标，接下来我们介绍用得相对不多但同样非常重要的指标——经营效率。

一般，我们用周转率衡量公司的经营效率。公司资产负债表中的资产端项目，一般是按照流动性来排列，所以上面是流动资产，下面是固定资产。现金和银行存款的流动性最好，一般排在最上面，然后是应收票据、应收账款，后面是原材料存货，最下面是固定资产类项目。对这些资产，我们可以计算相应的周转率，其中最重要的是存货周转率、应收账款周转率、固定资产周转率等。

首先，我们来看存货周转率。

存货周转率是公司一定时期内的销货成本与平均存货余额的比率，反映存货的周转速度。

$$存货周转率 = 销货成本 / 平均存货余额 \times 100\%$$

这个指标能衡量公司的存货管控得好不好。一般来说，公司的存货周转率越高，经营效率就越高，因为存货会挤占资金，存货还可能降价。像水果的存货就可能烂掉，服饰的存货可能过时。一般来说，存货周转率越高越好。当然，并不是所有的公司都有存货压力，比如白酒，反而是时间越久，越值钱。

其次，我们来看应收账款周转率。

应收账款周转率是公司在一定时期内赊销净收入与平均应收账款余额的比率，反映公司应收账款的周转速度。

$$应收账款周转率 = 赊销净收入 / 平均应收账款余额 \times 100\%$$

公司的应收账款如能被及时收回，公司的资金使用效率便能大幅提高。这个比率也是越高越好,应收账款周转率越高,表明产品销售情况越好,公司就不需要通过赊销这样的方法提高销量。

最后,我们来看固定资产周转率。

固定资产周转率是公司在一定时期内营业收入与固定资产净值的比率,反映公司固定资产的使用效率。

$$固定资产周转率 = 营业收入 / 固定资产净值 \times 100\%$$

道理一样,固定资产周转率越高,表明公司对厂房和设备等固定资产的利用效率越高。

6家调味品公司的经营指标见表6-15。我们看表,就能看出海天味业的经营能力最强。它的各项周转率在行业内都是最高的。根据研究员的调研,海天味业的收款周期在行业内最短,对商超45天,对其余渠道都少于30天,它还有预收账款,这说明公司的产品吸引力和渠道把控能力,都在行业平均水平之上。因此,我们在做同行业对比的时候,不妨把经营模式差不多的公司进行比较,这样就能找到经营效率最高的公司。

表6-15　6家调味品公司的经营指标对比

公司	总资产周转率(%)	存货周转率(%)	应收账款周转率(%)	固定资产周转率(%)
海天味业	0.98	8.00	5 912.61	3.90
千禾味业	0.85	2.38	15.32	2.17
中炬高新	0.71	1.59	65.28	2.97
涪陵榨菜	0.69	3.75	988.74	2.08
加加食品	0.66	4.24	22.66	1.19
恒顺醋业	0.64	2.98	13.16	1.74

资料来源:市场公开信息。

如何评估一家公司的经营风险

我们在评估公司的成长能力、盈利能力、经营效率的同时，不要忘了评估公司的经营风险。从财务指标角度出发，我特别建议大家看两个指标，一个是资产负债率，另一个是有息负债率。

一般公司都会有负债。大家不要把负债看成负面的东西，其实负债是一把双刃剑。

我举一个生活中的例子。如果你想买 500 万元的房子，一次性付清房款以后房价涨了，500 万元的回报率高不高？不高，因为你没有用杠杆。反过来，如果你有 500 万元，想买两套房子，你要用 500 万元本金和 500 万元的抵押贷款，这就用了杠杆。这时候房价如果上涨，你赚钱更快，但是房价跌下来，你亏损得也很快。

一家公司不能只靠资本金经营，否则它的净资产收益率不会高。如果过度使用负债，公司就可能被债务拖累，因为一旦市场出现不好的行情，它的还本付息压力就会很大。所以负债是一把双刃剑，如图 6-22 所示。

图 6-22　负债是一把双刃剑

从评估风险的角度来看，我们希望这家公司负债率越低越好。那么怎么评估公司的经营风险呢？我们一般用资产负债率和有息负债率这两个指标进行评估。

我们首先来看公司的资产负债表，如图 6-23 所示。左边是各类资产，右边是资金来源，分为无息负债、有息负债和所有者权益。

公司的资产负债率=（无息负债+有息负债）/总资产×100%，一般来说，这个比例在 60%以内算是合理的。如果这个比例超过 80%，也就是负债金额是所有者权益的 4 倍以上，那么公司的经营风险就偏高了。

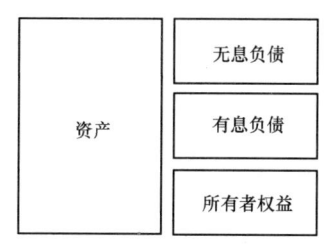

图 6-23 公司资产负债表

除了资产负债率，我们还应该看有息负债率。对公司经营来说，有些负债是要付利息的，比如银行借款、债券融资，这些是有息负债。但有些负债是不需要付利息的，比如对供应商的应付账款、对经销商的预收账款，都是常见的无息负债。

无息负债对公司来说，既能加大杠杆经营，又无须支付利息，是免费占用别人的资金来做生意。所以，无息负债在整体负债中的占比越高，说明公司对供应商和经销商的谈判地位越高、控制能力越强。

表 6-16 是贵州茅台和五粮液的预收账款占比，我们可以推出两者在行业中的地位差距。

表 6-16 贵州茅台和五粮液预收账款占比

	贵州茅台	五粮液
预收账款/资产（%）	10.72	6.55

资料来源：市场公开信息。

再举一个例子。格力电器有大量的无息负债，2017年年报显示，格力电器的有息负债不到200亿元，但它的无息负债高达1 000多亿元，主要是对原材料供应商的应付账款400亿元、预收账款140亿元，以及对经销商的应付销售返利600亿元。这些数据充分说明格力电器在产业链上的强势地位。

识别财务欺诈

在投资中，上市公司造假是很让人头疼的事情，也是投资中最大的"黑天鹅"事件之一。这些年，"神雾系"、康得新等诸多明星公司被曝造假或者有造假嫌疑，股价跌得厉害，所以投资者对这个话题要多关注。当然，我们还要澄清一个事实，尽管有少量公司在造假，但A股市场的监管越来越严格，造假的难度越来越大，报表的可信度还是非常高的。

有关财务造假的问题，我们首先要区分两个概念，一个是盈余管理，另一个是财务造假。盈余管理，是公司合理合法地利用制度和规则，对财务数据进行适当"美容"，这是在制度和规则允许的范围之内做的。财务造假包括报表粉饰、管理舞弊、会计欺诈，是超出制度和规则范围的。

不管是盈余管理还是财务造假，都是有动机的。比如我国对IPO的审核很严格，达到IPO的条件是很多想上市的公司最常见的一种动机。为了达到上市的门槛，公司就要实现一定的利润，而且波动不能太大。除了利润之外，发行审核委员会还会审查其他财务指标。在A股市场，为了符合IPO条件而财务造假的公司并不少。

做高收入和做低成本是主要的造假方式

财务造假最常见的形式是调节利润,因为大家在股票投资中最关注的是利润,所以对利润的调节是财务造假最常见的形式。常见的财务造假动机如图 6-24 所示。

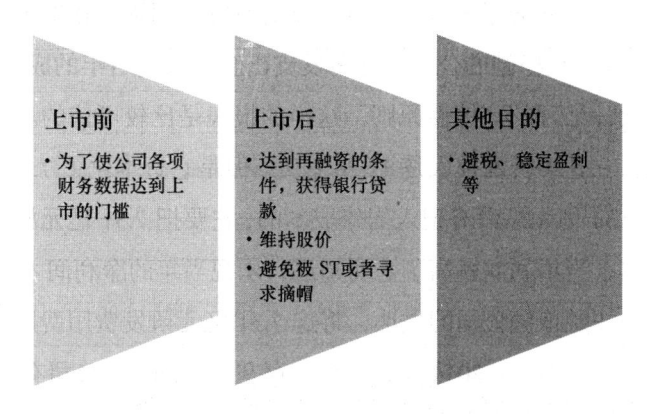

上市前
- 为了使公司各项财务数据达到上市的门槛

上市后
- 达到再融资的条件,获得银行贷款
- 维持股价
- 避免被 ST 或者寻求摘帽

其他目的
- 避税、稳定盈利等

图 6-24 常见的财务造假动机

利润是收入减去成本所得,所以公司要对利润进行造假,无非是两种方式:要么提高收入,要么降低成本。

提高收入的手段比较多,比如通过关联交易增加营业收入,提前确认营业收入等。

降低成本的手段也很多,比如通过管理方支付本应由公司支付的成本,延后确认成本等。公司要延后确认成本,可以把在建工程推迟,转成固定资产,因为一旦转为固定资产,就要开始计提折旧;也可以把研发费用资本化,因为研发费用不进利润表,只在资产负债表中。但这样的调整,坚持不了多长时间,因为这些成本,即使当年不计算,将来还是要计算的,当年利润提高了,未来成本压力就会大。所以,我们建议多看几年的财务报表,因为持续造假超过 5 年是不容易的。我们只有分析了某公司连续 5 年以上的财务报表,才能看清楚它的真正经营情况。

我们来看一个典型的案例，它是资本市场非常著名的案例：乐视。乐视的数据历来被资本市场所质疑，不能说它造假，但它应该做了盈余管理。

第一，乐视的报表显示其有明显的研发费用资本化情况，见表6-17。一般比较稳健的公司会把研发支出全部放进当年的成本费用，这符合会计处理的审慎性原则，这样的报表是比较可信的。反过来看乐视，2015年研发投入是12.24亿元，但是它资本化了7.31亿元，也就是7.31亿元是没有记入当年成本的，它要把7.31亿元放到以后确认成本，当年利润就高了。要知道，乐视当年的净利润才2.17亿元，如果按照稳健公司的做法，将这7.31亿元研发费用费用化，那它就会亏5亿多元。2014年，乐视也存在这个问题，公司有1.29亿元的净利润，但是研发资本化了4.82亿元。当然，乐视可能比较有信心，尽管成本被推迟确认，但是它确信2016年、2017年收入增长幅度会更大，能够把成本覆盖。如果乐视真的能做到，那这也是未尝不可的一个做法。但不论怎么样，延后确认成本一定会对后几年的利润造成压力。

表6-17　2013—2015年乐视研发费用资本化情况

乐视	2015年	2014年	2013年
研发投入（亿元）	12.24	8.05	3.73
研发资本化（亿元）	7.31	4.82	2.02
资本化比例（%）	59.79	59.90	54.17
净利润（亿元）	2.17	1.29	2.32

资料来源：市场公开信息。

我们再来看乐视调节利润的另一个工具：版权费用的摊销。

2013—2015年乐视版权费用摊销情况见表6-18。大家在乐视网站上会看到一些热播的电视剧，这些电视剧是由乐视购买版权的，它在版权采购上花了大量资金。乐视对影视剧版权采购费采取直线摊销法，比如，购买某电视剧版权花费了1亿元，分为4年确认，每年只确认2 500万元。这是很有问题的，因为像《甄嬛传》这样的电视剧，第一年观看的人比较多，到了第二年、第三年，观看的人会越来越少，带来的收入也会越来越少。如果按照收入和成本匹配原则，它就应该使用加速法来进行摊销，也就是第一年多计算成本，以后年份少计算成本，而不是每年平均计算成本。

表6-18　2013—2015年乐视版权费用摊销情况

年份	期初版权原值（亿元）	期末版权原值（亿元）	平均值（亿元）	摊销额（亿元）	平均摊销年数（年）
2013年	21	32	27	6	4.4
2014年	32	44	38	10	3.8
2015年	44	61	53	14	3.8

资料来源：市场公开信息。

我们来看优酷、土豆是如何摊销的。乐视是以每年25%的比例摊费用，但是优酷、土豆第一年会摊销60%、70%。哪个更合理？当然是优酷、土豆的做法更合理，因为一般来说，一部剧的生命力最多是一年。从这个角度来说，如果今年公司花10亿元购买版权，60%与25%差35%，35%意味着当年乐视可以少记3.5亿元的成本，多记3.5亿元的利润。

乐视为什么要这样做？因为乐视是一家上市公司，如果它连续亏损，就会退市。反过来，投资者对有些没上市的互联网公司是很有耐心的，不要求它们马上就能赚钱，像滴滴、饿了么这样的公司，虽然到现在还没有赚钱，但是有的投资者依然看好它们。这些公司没有上市，就没有利润压力、没有退市压力。所以上市不见得是好事，尤其是一些高速增长的互联网公司，过早上市会产生一些问题。

财务"洗澡"

我们介绍另一个问题——财务"洗澡"，也称"一次亏个够"。例如，公司本年度大幅计提固定资产损失，未来几年就无须再计提固定资产损失。商誉、应收账款、存货、权益投资等都可以成为业绩"大洗澡"的计提项目。业绩粉饰常见方法如图 6-25 所示。

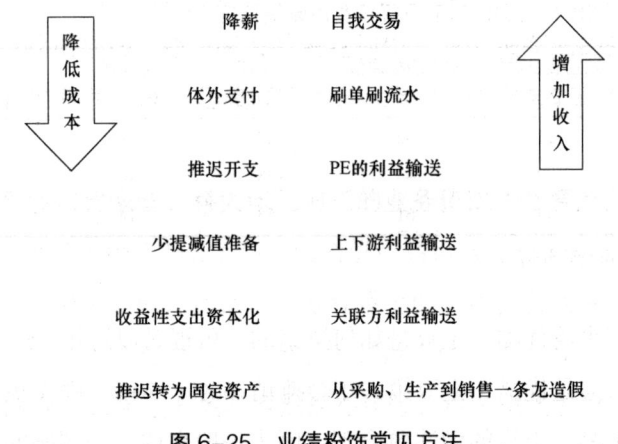

降低成本 ↓		增加收入 ↑
	降薪	自我交易
	体外支付	刷单刷流水
	推迟开支	PE的利益输送
	少提减值准备	上下游利益输送
	收益性支出资本化	关联方利益输送
	推迟转为固定资产	从采购、生产到销售一条龙造假

图 6-25 业绩粉饰常见方法

财务"洗澡"什么时候发生？它在两种情况下经常发生，一种情况，公司当年的亏损已经不可避免，反正是亏，公司就进行一次性亏损。我们的监管制度规定，上市公司不能连续亏损，连续亏损要被 ST、要退市，但监管制度未规定一次能亏多少钱。另一种情况，公司管理层换人，首席执行官上任后，发现公司有很多问题账，就让公司在当年一次性亏损，因为责任全在前任首席执行官身上，这种现象是较普遍的。

我们来看2014—2015年4家ST公司的财报数据,见表6-19。这些公司在2015年做了一定的资产减值,在2016年又不约而同地盈利。因为这几家公司为了避免退市,在2015年一次性亏损,到2016年就可以稳赚。

表6-19　2013—2015年4家ST公司的财务数据

公司	资产减值损失(亿元)			原因	2016年
	2013年	2014年	2015年		
*ST神火	0.45	0.79	2.04	存货跌价	预盈3亿~4亿元
*ST宏盛	0.02	0.34	0.29	坏账损失	预盈0.2亿~0.5亿元
*ST生化	0.05	0.39	0.07	子公司停产	前三季盈利0.52亿元
*ST天利	0.05	0.44	5.83	固定资产减值	预盈11亿~13亿元

资料来源:市场公开信息。

2018年,A股市场的上市公司掀起一股"比差"风潮,很多公司纷纷宣布进行商誉减值以及巨额亏损,见表6-20,这也是一种财务"洗澡"。

表6-20　2018年预告大幅商誉减值的公司

证券名称	业绩预告	预亏原因
富临精工	预亏22.84亿~22.89亿元	计提商誉减值准备约为15.5亿元
天舟文化	预亏10.6亿~11亿元	计提商誉和长期股权投资减值准备12亿~14亿元
盾安环境	预亏19.5亿~22.5亿元	计提减值准备13.9亿元
科陆电子	预亏9亿~11亿元	主要是减值1亿元
南宁糖业	预亏13亿元	主要是减值和商誉减值
银河电子	预亏9.5亿~12.5亿元	此前预计净利为1.69亿~2.25亿元,计提商誉减值准备为10亿~12亿元
人福医药	预亏22亿~27亿元	计提商誉和无形资产减值约为30亿元

续表

证券名称	业绩预告	预亏原因
西宁特钢	预亏 18 亿～24 亿元	采购成本升高，计提部分减值准备，对部分固定资产进行报废处置
ST 中南	预亏 18 亿～27 亿元	计提 15 亿～17 亿元的商誉减值，计提资产减值准备约 2 亿元
嘉凯城	预亏约 16 亿元	上年同期盈利 19.88 亿元，对部分资产计提减值准备
奥马电器	预亏 12.4 亿～15.8 亿元	此前预计盈利 30 519.36 万～34 334.28 万元。公司对部分商誉计提了资产减值准备
骅威文化	预亏 11.2 亿～13.5 亿元	此前预计盈利 1.826 亿～2.557 亿元
银河电子	预亏 9.5 亿～12.5 亿元	此前预计盈利 1.69 亿～2.25 亿元，计提商誉减值准备为 10 亿～12 亿元
华录百纳	预亏 33.29 亿～33.34 亿元	上年同期盈利 1.1 亿元
飞马国际	预亏 17.5 亿～19.5 亿元	此前预计盈利 1 529.89 万～1.38 亿元
达华智能	预亏 13 亿～14.5 亿元	上年同期盈利 3.8 亿元，金融机构抽贷造成大量债务逾期，公司资产被冻结
神州长城	预亏 13 亿～14.5 亿元	上年同期盈利 3.8 亿元，金融机构抽贷造成大量债务逾期，公司资产被冻结
大洋电机	预亏 21 亿～23 亿元	此前预计盈利 2.3 亿～4.4 亿元。对上海电驱动计提商誉减值准备 20 亿～21.5 亿元、对背景佩特来计提商誉减值准备 2.5 亿～3 亿元
南京新百	预亏 10.1 亿～13.6 亿元	同比减少 19 亿～23 亿元，同比减少 196%～244%
斯太尔	预亏 12.9 亿元	上年同期亏损 1.7 亿元
西宁特钢	预亏 18 亿～24 亿元	

资料来源：市场公开信息。

如何发现财务造假

我们怎么能发现财务造假的痕迹呢？

首先，我们可以对同行业的公司进行对比分析，识别潜在的造假。比如，你发现一家公司的收入和利润不合理地高增长，但这个行业竞争非常激烈，其他公司都没有增长。如果它是一家竞争力非常强的公司，这是一件好事情。但我们要警惕，为什么其他公司是零增长，它能实现高增长。再比如，公司的毛利率高得离谱，行业竞争非常激烈，其他公司行业的毛利率仅10%，而公司的毛利率20%以上。这时候我们也要小心，有两种可能，一种是这家公司经营得非常好，竞争力确实非常强；另一种是这家公司财务上有问题。

其次，我们不要只盯着利润表，也要留意资产负债表。财务造假的目标是提高收入和利润，但改变了利润表的项目，一定会对资产负债表产生影响。这是因为，通过造假使得利润虚增，资产负债表中的所有者权益也应该增加。所有者权益增加后，相应的资产就要增加，否则资产负债表就无法配平。

那么资产负债表哪些项目可能会虚增呢？应收账款、存货、固定资产等都有可能。应收账款和存货的大幅度增加，是非常不好的信号，这点大家很熟悉。一家乳制品公司造假，就是虚增了固定资产。这家公司每年对利润进行造假，同时，公司对投资人说赚来的钱都用于建厂房和购买设备了。这样欺骗了好几年，直到有做空机构通过特殊手段（利用了无人机拍摄等手段）才发现公司所说的建厂房和购买设备的事都是假的，骗局才被揭穿。

一般企业的存货如果大幅度增加，会计师事务所会看一看，盘点一下。如果存货很难被盘点，那投资者要小心，因为这会给上市公司留下巨大的操纵空间。在A股市场，盘点存货出问题更多发生在农林牧渔这些行业，像獐子岛、武昌鱼、蓝田股份等都是A股历史上有名的造假或有造假嫌疑的公司。

当然，分析现金流量表是非常重要的验证企业盈利质量的手段。很多公司，表面上收入和利润都很高，但现金流量表中，经营性现金流长期远低于净利润，甚至为负数，那投资者也要小心。

最后，还有一些信号，大家一定要重视。第一个信号是财务总监辞职，这可能说明财务总监对造假感到害怕。第二个信号是公司更换会计师事务所，这往往意味着会计师事务所可能不愿意配合上市公司做账，或者公司另外找到一家愿意配合的会计师事务所。第三个信号是会计师事务所发表了保留意见或者拒绝发表意见，这表明这家公司基本上是造假了。因为一般来说，会计师事务所都会出无保留意见，也就是说报表是真实的，没有问题。会计师事务所如果发表了保留意见或拒绝发表意见，表明这家公司的财务报表应该有大问题。

当然，财务分析是一件比较专业的事情，而且财务分析要和公司的经营战略分析、公司竞争力分析结合在一起，才能得出真正有价值的结论。本书毕竟不是财务分析的专著，所以我们就不展开讨论了。

用"公平秤"评估股票性价比

前面我们讲了如何评估公司的赛道、公司的护城河，以及如何财务分析，这些是验证好公司的重要维度和方法。这部分我们讲一讲估值为什么重要，以及估值的基本方法。估值就好比用"秤"称某个东西到底有多重，是不是缺斤少两，所以我们形象地说用"公平秤"评估股票性价比。

首先，估值非常重要，你即便找到一家好公司，但是它的估值不高，不代表公司股价一定能涨，因为它的基本面都已经体现在股价上了。有时候你可能觉得一家公司的基本面一般，成长能力也一般，但是它的股价跌得足够低，估值有吸引力，那么股价也是有可能上涨的。

其次，股票的回报率，跟你买入的价格是紧密相关的：你买入的价格如果过高，你未来的投资回报率就必然低；你买入的价格合理或很便宜，你未来的投资回报率必然就高。所以，我曾经说："相关部门不要总想着去调控市场、维持指数，这看上去是在保护投资者，实际上是害了投资者。因为对投资者最大的保护，不是维持虚高的股价，而是让投资者以合理的价格买入股票，这样投资者才能获得合理的投资回报；如果投资者买入股票的价格虚高，投资者就无法获得合理的投资回报。"我们衡量高和低时，要看估值。

最后，股票投资中有一个"钟摆"原理：股票的估值有时会特别低，但总有一天会像钟摆一样摆回来；股票的估值有时也会特别高，但也会摆回来。"钟摆"原理就是价值回归：股价就像钟摆一样，不断在高和低之间来回摆动，中轴线就是合理估值。

所以我经常说：**"好股票等于好公司加上合理的估值。"** 当然，合理估值不是一个精确的数字，而是一个区间，在这个区间之内的估值，都是合理的。

常见的估值方法

估值听上去"高大上"，但其实并不难。我推荐大家看达莫达兰（Damodaran）的《估值》（*The Dark Side of Valuation*）这本书，我觉得它是国内出版的讲估值最好的书之一。《估值》开篇的第一句话是："我一直认为估值并不难，只是业内人士有意使其复杂化了。"我们在日常生活中，经常做估值，比如买房子、买车子、买家用电器，我们都会自觉不自觉地做估值，也就是评估它们的性价比，寻找性价比高的那一个。

估值有不同的维度和不同的视角。以房子为例，小王在自家土地上盖了房子，1999年盖的，当时物价很低，只花了20万元。20年过去了，房子值多少钱呢？评估房子值多少钱就是在做估值。

我们先来看两种估值方法，一种方法是原始成本估值法，另一种方法是重置成本估值法。

原始成本估值法

原始成本是资产被取得时所支付的对价。对前面的房子来说，它的原始成本是20万元。20万元是不是现在房子的合理估值呢？显然不是。因为20年过去了，20年前的20万元，现在至少要值几百万元。所以原始成本估值法是不合理的，在现实的估值中几乎用不到。

但上市公司报表里的很多资产，如房地产、土地使用权等，是按照原始成本入账的，有时候这些资产是被严重低估的。

重置成本估值法

重置成本是重新取得相同或类似资产所需要支付的对价。还是以前面的房子为例，20年过去了，经过测算，现在建房子需要100万元，那么重置成本是100万元。房地产公司经常用重置成本估值法，因为它的资产负债表里有大量土地储备和存货，所以评估一家房地产公司采用的估值法是重估净资产。像房地产公司，它的账面净资产，如土地和存货，可能只有50亿元。但是按照市价计算，即假设它重新去拍土地，重新把楼盖起来，它的账面净资产可能已经是100亿元。显然，100亿元要比50亿元的估值更合理。

在股票投资中，不管是原始成本估值法，还是重置成本估值法，我们都很少用到，但我们要了解。我们经常用到的两个估值法是**绝对估值法**和**相对估值法**，这两种估值法我们一定要理解和掌握。

绝对估值法

绝对估值法，也叫"地老天荒"的现金流贴现法，是把未来某只股票能产生并分配给投资者的现金流贴现到今天的价值。股票公司每年都会产生利润，每年都会分红给股东。我们从投资公司的角度来看这家公司的价值，就是未来所有的红利经过贴现，加在一起的值。我们在做估值的时候，会假设这家公司会永续经营下去，所以这种方法叫"地老天荒"的现金流贴现法。

为什么红利要先贴现再加总？这涉及一个问题，金钱的时间价值。这里有两个选择，你今天可以得到5万元，或者1年后得到5万元，你觉得哪个更有价值？当然是今天就拿到5万元，因为今天拿到5万元后，你可以买债券，买银行理财，或者存入银行，1年后就不止5万元，这就是金钱的时间价值。今天的1元钱比未来的1元钱更值钱。假设银行存款利率是5%，那么2年后的1万元，相当于今天的约9 070元。

$$10\,000 \text{元}/(1+5\%)^2 \approx 9\,070 \text{元}$$

这个公式中，分子是未来的现金流，分母是1+贴现率（也叫折现率），几年就是几次方。第1年的红利除以（1+贴现率）的1次方，第 2 年的红利除以（1+贴现率）的 2 次方，这样算下去，结果就是这只股票的价值。

我们还是以前面的房子为例。如果小王的房子今年出租，每年租金大约 5 万元，5 年期的国债收益率为 5%（国债收益率是最稳定的收益率，所以小王要用这个收益率来评估房子的价值），小王的房子值多少钱呢？

$$房子价值 = 5 万元/(1+5\%)^1 + 5 万元/(1+5\%)^2 + 5 万元/(1+5\%)^3 + \cdots\cdots = 100 万元$$

大家如果对高中数学还有印象，这其实是一个无穷等比数列求和：房子价值 = 5 万元 × (1/5%) = 5 万元 × 20 = 100 万元。

我们对房子进行估值时存在两个问题：房租每年是固定的，这个假设不太合理，而且预测未来的租金很不容易；房子估值对贴现率很敏感，选择不同的贴现率，算出的估值的差异很大，见表 6–21。

表 6–21　不同贴现率下的房子估值

贴现率（%）	房子估值（万元）
4	125
5	100
6	83.5
7	71.4
8	62.5

所以，绝对估值法的挑战有两个：一是对股票的未来现金流预测很难；二是贴现率差一点儿，结果就会差很多。

对现金流的预测要求非常专业，而且现金流分为股利现金流和自由现金流，内容相对复杂，这里就不展开讨论了。

合理的贴现率到底应该是多少呢？我的经验数据是：5 年期的国债收益率+（3%～5%）。这里的 3%～5% 是"风险溢价"。风险溢价的存在，是因为投资股票有风险，所以投资者必须取得比国债收益率更高的收益率，才愿意冒风险投资股票。我们加 3% 还是加 5%，取决于市场情况。

绝对估值法是最严谨的估值方法，不受市场情绪、市场波动的影响。这一点在讲完相对估值后，大家就能理解。

绝对估值法有缺点。其中的假设和预测，投资者很难学习。在中国，投资者按照绝对估值标准，很难找到"被低估"的股票。当你用绝对估值法去衡量股票的时候，你会发现绝大部分股票的价格，都比它算出来的绝对估值要高，这时候你找不到可买的股票。但是，尽管它有这样的缺点，在理论上，它仍是最严谨、最科学的估值方法，而且很多其他估值方法都是从绝对估值法基础上发展出来的。

相对估值法

相对估值法，是以类似资产在市场上的定价为基础，进行比较估值。房子估值时，我们可以将同地段、同小区房子的价格作为参照物；股票估值时，我们以可比公司的价格作为参照物。

我们还是以前面的房子为例。按照绝对估值法，房子年租金收入是 5 万元，贴现率是 5%，那么小王的房子值 100 万元。但小王房子所处的小区，平均价格是 3 万元每平方米，小王的房子是 100 平方米，那么小王的房子应该值 300 万元，而不是 100 万元，这就是相对估值。确实，在我国绝大部分城市，年租金 5 万元的房子，市场价格一般是不止 100 万元的，在北上广深这样的一线城市，300 万元更加接近市场的价格水平。这也可以看出，房子出租的投资回报率是很低的，不到 2%。

小王之所以用本小区的平均房价来对自己的房子进行估值，是因为小区平均房价的数据很容易收集到，只要看最近一段时间的成交案例就可以。他认为小区的平均房价是合理的，所以他的房子也应该采取同样的价格，且按照这个价格是能迅速变现的。而房价合理的假设是非常重要的假设。

从相对估值的角度看，300 万元的价格非常合理，但从绝对估值的角度看，房子只值 100 万元，那么我们到底应该看哪个估值？这个问题我们后面会展开讨论。

现在，大家能看到绝对估值和相对估值的区别，见表 6-22。

表 6-22　绝对估值和相对估值的区别

	绝对估值	相对估值
估值逻辑	未来的现金流收益	类似资产的市场价格
隐含假设	不需要考虑整体市场的估值合理性	有一个重要隐含假设：整体市场的估值水平是合理的

具体到股票投资，相对估值法可以分为 3 个步骤：第一，选取可比公司，第二，选取并计算比较指标，第三，根据公司质地调整估值。

第一步是选取可比公司。选取的可比公司有两个标准：第一，要有可比性；第二，要有足够的代表性。什么是可比性？我们要对贵州茅台进行估值，贵州茅台在上市公司大行业分类里属于食品饮料行业，这是一级行业，二级行业是酒类，酒类又分为白酒、红酒、啤酒等，这是三级行业。和贵州茅台最具可比性的，当然是同属于三级行业的白酒公司。所以我们对贵州茅台进行估值，要选择白酒公司，而不能选择整个食品饮料行业的股票作为参照物，而且用酒类的股票来对贵州茅台进行估值也不合理，因为白酒、红酒、啤酒的竞争格局和发展前景完全不一样，没有太大的可比性。最合理的是把所有白酒公司的平均估值算出来，然后对贵州茅台进行比较估值。可比公司要有足够的代表性，是指样本要多，不能只有一两个样本。比如你要买某小区的房子，小区里最近成交了一套，成交价特别高，房东想用这个成交价来要价，但是你应该用最近一段时间的平均成交价来进行对标，因为多套的均价比单套的价格更有代表性。

第二步是选取并计算比较指标。 我们买房子时，一般是看单位面积的均价。在估值时，我们可以选取的指标有哪些？

市盈率（市值/净利润）是最常见的指标。我们可以把白酒公司的平均市盈率计算出来，假设是25倍。假设贵州茅台今年的每股盈利是30元，那么贵州茅台应该值多少钱？这可以简单算出来：30元×25=750元。

市销率（市值/营业收入）也是很常用的估值指标。电商平台，像淘宝、京东等，在高速发展期往往都没有盈利，这时候无法用平均市盈率来对它们进行估值。我们对电商平台经常用的估值指标是市销率，即把可比的电商平台的市销率都计算出来。假设计算出来的电商平台的平均市销率是3倍，某电商2018年的营业收入是100亿元，那么这家电商的估值应该是300亿元。很多公司在特殊阶段，特别是在快速发展阶段，可能没有利润，这时候我们可以用市销率来估值。

市净率（市值/净资产）是在对银行股和地产股估值时经常用的指标。房地产公司有一个特点，如果项目不结算就没有利润，所以对地产公司我们不能只看利润。如果地产公司有很多优质土地，但是它看好市场，并不结算，土地和房子就存在那里，这时候利润就很少，但是净资产，尤其是它调整后的净资产会很高。这种情况下，我们用市盈率去估值是不合理的。所以地产这样的公司，比较适合用市净率估值，方法是类似的。你把有可比性的地产公司找出来，计算它们的平均市净率（用净资产口径算出来的市净率更加合理），假设平均市净率是0.8，某家地产公司的净资产（如果可比公司的平均市净率用净资产口径，那么这家公司的净资产也要用净资产口径）是100亿元，那么这家公司的估值就是100亿元×0.8=80亿元。

我们来看白酒行业的估值。这是截至2018年年底的数据，市盈率最高的有500多倍，最低的为-5.7，见表6-23。

表6-23 白酒行业各公司的估值情况

证券名称	市盈率（最近12个月）	总市值（亿元）	净利润（最近12个月）
金种子酒	525.4	25	0.0
老白干酒	28.3	82	2.9
水井坊	27.9	155	5.5
顺鑫农业	25.9	182	7.0
舍得酒业	24.0	77	3.2
酒鬼酒	23.5	52	2.2
贵州茅台	23.3	7 412	318.3
山西汾酒	21.6	303	14.0
泸州老窖	18.0	596	33.1
金徽酒	18.0	43	2.4
洋河股份	17.7	1 427	80.8
古井贡酒	16.9	207	12.2
五粮液	16.2	1 975	122.0
今世缘	15.9	182	11.5
口子窖	15.5	210	13.5
迎驾贡酒	15.3	113	7.4
伊力特	14.9	57	3.9
*ST皇台	-5.7	9	-1.6
平均值	46.8		
剔除异常值的平均值	20.2		

资料来源：市场公开数据。

如果某家白酒公司的每股利润是 1 元，它的估值应该是多少？

我们要先把 A 股市场所有白酒公司的平均市盈率计算出来，在计算平均市盈率的时候，注意避免使用简单算术平均法。简单算术平均法最大的问题是一些异常值会把平均数据扭曲掉。

在表 6-23 中，由于金种子酒市值较小，但利润是零，所以市盈率高达 500 多倍。这时候，我们用简单算术平均法，会高估白酒行业的平均市盈率。按照简单算术平均法，我们算出来的平均市盈率是 46.8 倍，这显然不合理。那怎么办？常见的有 3 种方法。

第 1 种方法是剔除异常值，比如把市盈率超高的金种子酒和亏损的 *ST 皇台剔除掉，这时候算出来的平均市盈率就只有 20.2 倍，这个数字就可靠多了。

第 2 种方法是中位数法，也就是计算 18 家白酒公司的中位数市盈率，因为中位数不受异常值的影响。所有白酒公司的中位数市盈率是 18 倍，这个数字也比较合理。

第 3 种方法是行业整体法。表 6-23 里有 18 家公司，把 18 家公司的市值全部加在一起，再把 18 家公司的利润全部加在一起，然后用加总后的市值除以加总后的利润，得出的估值就是整体法平均市盈率。总市值是 13 107 亿元，利润合计 638.3 亿元，整体法平均市盈率是 20.5 倍。

通过这 3 种方法，我们可以比较有把握地说，按照相对估值法，白酒的合理市盈率是 18~20 倍。所以，一家每股利润为 1 元的白酒公司，合理估值在 18 至 20 元之间。

第三步是根据公司质地调整差异。我们计算了行业的平均估值，但行业内公司的竞争力、发展前景、盈利稳定性的差异还是很大的，这时候你要根据公司的竞争力、发展前景、盈利稳定性等情况，对估值进行适当调整。所以，估值的第三步是非常重要的。

现在我们假设 X 公司未来 3 年的复合增长率是 30%，行业里现在有 6 家可比公司，行业的平均增长率是 11%，见表 6-24。

表 6-24　6 家可比公司的财务数据

可比公司	净利润（亿元）	市值（亿元）	市盈率（最近 12 个月）	未来 3 年复合增长率（%）
A	3.2	38	12	15
B	4.6	69	15	10
C	15	120	8	3
D	2.0	36	18	20
E	29	203	7	5
F	13	143	11	15

我们分别算一算，可比公司的平均市盈率。如果按照算术平均法计算，是 11.8 倍，按照整体法计算，是 9.1 倍，按照中位数法计算，是 11.5。看了这几个数字，我们大概就有了结论，这个行业的平均市盈率就在 9 至 12 倍之间。

行业的平均增长率是 11%，可比公司里最高的是 20%，而 X 公司未来 3 年的复合增长率是 30%，它的市盈率比行业的平均市盈率高完全是合理的，所以它可以享受比 12 倍更高的市盈率，可以是 20 倍，甚至是 30 倍。那么，到底是 20 倍还是 30 倍合理呢？这个相对估值没法计算，投资者要自己进行判断。

相对估值法的优点是简单易学，在实践中广为应用，大部分机构投资者也都是用相对估值法。相对估值法的最大缺点是，假设了"市场总体估值永远是合理的"。相对估值容易受市场情绪影响，因为市场情绪高涨的时候，所有可比公司估值都很高，平均估值也就很高；市场低迷的时候，所有可比公司估值都很低，平均估值也就很低。所以，相对估值法最大的问题是，一旦市场整体被严重高估或者被严重低估，某家公司的估值也就会跟着被高估或者被低估。相对估值法另一个缺点是，无法对公司成长能力等进行准确估值。就像前面说的案例，X公司的成长能力很好，行业平均市盈率是12倍，X公司可以有更高的市盈率，但高到什么程度合理，20倍还是30倍，相对估值法无法判断。

综合应用绝对估值法和相对估值法

在具体投资中，我建议大家结合绝对估值法和相对估值法，做出好的投资决策。绝对估值法，用来确定"安全边际"，也就是确定绝对估值有吸引力的公司，长期"估值有吸引力"，才有安全边际。相对估值法用来进行"个股选择"，确定相对估值低的公司，即在可比公司中性价比较高的公司。

我们前面说过，在具体投资中，经常会出现绝对估值和相对估值结果不一致的情况，具体见表6-25。

表6-25　相对估值和绝对估值的应用

		相对估值	
		高估	低估
绝对估值	高估	回避	可以中短线介入，但要注意行业或板块的估值回归风险
	低估	可以长线关注，也可以选择更好的标的	首选投资品种

如果绝对估值高估，相对估值也高估，这种股票我们就不要买入了。如果相对估值低估，绝对估值也低估，那么这是一只好股票。如果相对估值低估，绝对估值高估，作为中短线投资者，你可以不

用太在意绝对估值,这样的股票你可以买,因为你选的是行业里性价比最高的。但你要时刻注意整个板块的估值回归风险。如果绝对估值低估,相对估值高估,从长线来说,这种股票也是可以投资的,因为绝对估值低估,就有了安全边际,但是相对估值高估,表明它还不是最好的标的。

影响股票估值的因素

前面我们讲了绝对估值和相对估值。这里和大家简单谈谈,哪些因素会影响公司估值。

在讲绝对估值的时候,我们说过,绝对估值对贴现率非常敏感,所以利率水平会影响绝对估值的结果。利率上升的时候,你持有股票的机会成本(买国债、做理财的收益率)也上升。持有股票的机会成本上升,意味着你的贴现率上升。你的贴现率上升,未来同样的现金流放到今天就相对更不值钱,估值就会下降。反过来,利率下降,股票估值就会上升。当然,这是从绝对估值的角度来看,相对估值不涉及这个问题。

估值还跟公司成长能力相关,成长能力越好,估值越高。我们来看一个案例。有两家公司,A 公司的股价是 30 元,每股盈利是 2 元,市盈率是 15 倍;B 公司的股价是 15 元,每股盈利是 0.5 元,它的市盈率是 30 倍。静态地看,你觉得哪家公司估值低?显然是 A。

我们再来看,假设 A 未来 3 年的复合增长率是 10%,B 未来 3 年的复合增长率是 50%,3 年之后 A 和 B 的市盈率分别是多少?假设股价不变,A 变成 11 倍,B 的市盈率变成 8.9 倍。所以,考虑到成长能力,你说 A 和 B 到底谁更低?答案就不一定了。

在具体投资中,为了解决这个难题,我们有时候会用市盈增长比率这个指标。市盈增长比率，是市盈率除以未来的复合增长率。在计算的时候，增长率不能是1年的数据，至少是3年的复合增长率才有意义。市盈增长比率越高，估值越高；市盈增长比率越低，估值越低。不同的市盈率和增长率下的市盈增长比率见表6-26。

表6-26 不同市盈率和增长率下的市盈增长比率

	市盈率（倍）	未来5年复合增长率（%）	市盈增长比率（%）
A公司	25	20	1.25
B公司	30	30	1
C公司	15	5	3
D公司	8	2	4

这4家公司，从市盈增长比率角度来看，B公司的市盈增长比率最低，估值最有吸引力。

市盈增长比率的优点是考虑了公司成长能力对估值的影响，简单易用。市盈增长比率的缺点是预测未来的复合增长率很难。当增长率较低时，容易显得"高估"，例如D公司，市盈增长比率是4，显得很高，但8倍市盈率其实是很低的估值。所以我们用市盈增长比率这个指标，部分解决了如何给公司成长能力估值的问题，但是大家一定要注意它的缺陷。

估值和盈利稳定性的关系是，一家公司的盈利越稳定，意味着投资这家公司的风险越小；投资风险越小，贴现率就可以低一点儿，估值就可以高一点儿。一般来说，在A股市场或者在全世界股票市场，消费品公司业绩比较稳定，所以它们的估值往往要高一些。周期品公司，比如石油、煤炭、有色金属、钢铁等公司，赚钱的时候非常赚钱，亏钱的时候也亏得厉害，这种公司的估值就不会太高，因为盈利稳定性差。

一个简单易行的"绝对估值法"

前面讲了绝对估值法,对长期投资来说,绝对估值比相对估值的结果更重要,因为绝对估值解决的是安全边际问题。但绝对估值涉及太多假设,普通投资者很难操作。我们总结了一个简化版的"绝对估值法",简单易用,这里介绍给大家。

公司合理股价=3年后的预测每股利润×公司未来合理市盈率

3年后的预测每股利润可以从券商分析报告中找到,当然大家要先判断券商预测的可靠性。公司未来合理市盈率可以用表6-27中的数据来确定。合理估值是一个区间,不是一个精确的数值,所以我们给出的是区间。

表6-27 合理估值区间　　　　　　　　　　　　　　（单位:倍)

	护城河深	有一定护城河	没有护城河
超高增长行业	30~40	20~30	10~20
高增长行业	20~25	15~20	10~15
低增长行业	10~15	8~10	6~8

关于行业成长空间,如果行业未来8~10年能保持15%左右的增长率,那就属于超高增长行业;如果未来8~10年能保持10%左右的增长率,那就属于高增长行业;如果能保持5%左右的增长率,那就属于低增长行业。关于公司护城河,大家可以结合前面的内容来判断公司有无护城河、有多深的护城河。

这个方法综合考虑了公司的赛道、竞争力等因素,也不受股票市场情绪的影响,简单易用,在实践中有很好的可操作性。它的缺点是，不够严谨，无法对特殊公司、特殊行业进行估值。

公司估值比较复杂，如成长性公司的估值、周期性公司的估值、金融公司的估值、亏损公司的估值等都很特殊，我建议大家买专门的书进行学习。

≫ 延伸阅读

周期股一定要在"市盈率最高时买入、市盈率最低时卖出"吗？

市场上为什么会有周期股要在"市盈率最高时买入、市盈率最低时卖出"的说法？

市盈率=股价/每股收益，周期股在行业特别好的时候，每股收益的增速会超过股价，以至于虽然股价一直在涨，但市盈率可能是下降的。但这时候，我们就要警惕行业景气周期的逆转，特别是行业产能顺周期扩张，未来可能会陷入价格战的泥潭。同样，在行业不景气的时候，每股收益的降速可能会超过股价，以至于虽然股价一直在跌，但市盈率是上升的，行业越衰退，市盈率反而越高。这时候，全行业处于微利或亏损状态，意味着供给端开始去产能，供需端可能要重新平衡，行业将走出盈利低谷。

虽然"市盈率最高时买入、市盈率最低时卖出"的说法看上去有一定的道理，但是单看市盈率高低是没有意义的，我们要找到低市盈率背后公司的基本面情况。有时候市盈率低反映的是公司基本面每况愈下，虽然市盈率低，但是股价会随着公司基本面恶化而不断下跌。但是对于一些基本面真正优秀的周期公司来说，低估值反而带来安全边际，低估值本身反映的是对未来的低预期。只要估值低到足以反映未来基本面的悲观预期，就是买入良机。

这也是我们要做绝对估值的原因，绝对估值能给穿越周期的公司一个"锚"。简单的"市盈率最高时买入、市盈率最低时卖出"的策略，未必适用所有周期股。

第七章　买入之前做好充分决策

经过前面的行业分析、公司竞争力分析、财务分析以及估值分析，你发现了一家不错的公司，那你是不是马上就可以买入呢？还不行，你在买之前还要做好一些决策。

第一，你要设定买入股票的条件，也就是股票具备什么条件，才可以买入。一般来说，买入股票的条件包括股价进入合理区间，一些重要的基本面因素发生积极变化（"催化剂"事件发生）。

第二，你要确定合理的买入金额或仓位，确定整体仓位和个股仓位，并事先确定动态调整仓位的方法。

第三，你要预先设定卖出条件，也就是股票具备什么条件，就可以卖出。一般来说，卖出股票的条件包括估值不再有吸引力、基本面恶化，或者你找到了更好的股票。

接下来，我们分别讲一讲这些内容。

设定买入股票的条件

经过验证之后，你发现了一家好公司，赛道、公司竞争力都不错，但是股价有点儿高。这种现象很常见，你要做的是耐心等待合理价格的到来。

什么是合理价格？前面我们说过，股票的估值不是一成不变的，而是一个动态过程，是一个区间。那么，股价到什么位置，投资者可以买入股票呢？这和投资风格相关，因人而异。举一个例子，你经过认真估值之后，觉得一家公司股票的合理价格区间是 8.5～11.5

元（中值是 10 元）。比较进取、看重成长的投资者，一般在股价进入合理区间内——11 元以下，就可以考虑入手；比较稳健、更注重价值的投资者，一般在股价到 9 元附近，就可以考虑入手。当然，有些保守投资者或者深度价值投资者，一定要等股价跌到 8 元以下才会买入，在这个价格买入，安全边际更高，但买入的机会更少，不一定能买得到。

我们在等待合适价格的时候，要注意一个问题，那就是如果你觉得一只股票基本面不错但价格偏高，你等了一段时间之后，股价终于跌下来，到达你预先设置的买入价格，你能不能马上就买入？还不行，因为你要分析股价为什么跌下来。

股价下跌的原因有多种，大致有以下几类：一是公司基本面没有任何变化，因为大盘下跌，股价跟着大盘跌下来；二是公司发生了一些事情，这些事情对公司基本面只有很小的影响，但市场放大了悲观情绪，导致股价下跌；三是公司基本面发生恶化，股价下跌。

所以，当股价跌到你预设的买入价格时，只有你排除了第三种情况，你才可以买入。当然，投资者要做到这样是不容易的，除了需要很强的耐心，还要找到股票下跌的真正原因。

经过验证之后，你发现了一家好公司，但你不太确定，需要等待一些因素（如基本面"催化剂"）更加明朗才能判断其是否有投资价值，这时候你也需要等待。很多医药公司就是这样，每期的临床试验结果是重要门槛，那么临床结果就是"催化剂"；有些公司，其新产品能否顺利投产受到大家的高度关注，那么投产这件事情就是"催化剂"。

股票的基本面"催化剂"，一定是那些对公司长期价值有重要影响，但目前尚不确定是否一定会发生的因素，所以确定和跟踪这些"催化剂"因素很重要。确定和跟踪"催化剂"的流程如图 7-1 所示。

当"催化剂"事件发生之后，我们能不能马上就买入呢？也不能。因为股票市场是非常高效的，这些"催化剂"事件的发生，往往伴随着股价的大幅度上涨，很可能导致股价不再有吸引力，这就是"利好事件已经反映在股价中"。只有当"催化剂"事件发生，而且还没有被市场充分消化、还没有充分反映在股价中时，才是买入的机会。

所以，做投资很不容易，即使你找到了好公司，还要做很多复杂决策。

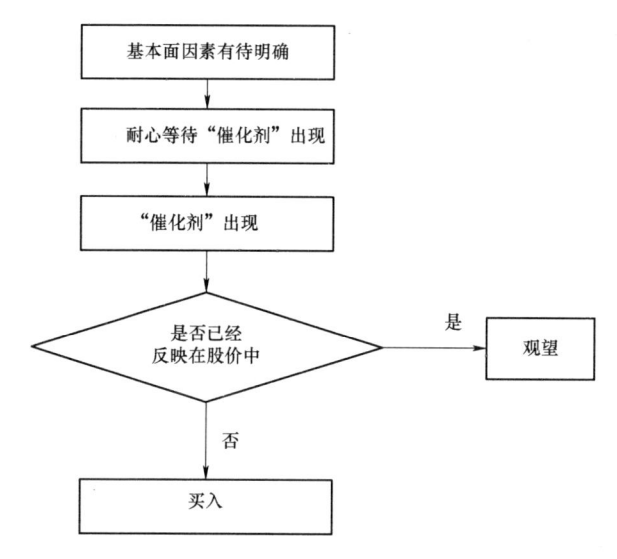

图7-1 确定和跟踪"催化剂"的流程

确定合理的买入金额或者仓位

除了等待合适的买入价格和基本面"催化剂"，我们还要预先考虑买入股票的金额或仓位。

股票仓位分为整体仓位和个股仓位。整体仓位非常重要，决定了一个组合的收益情况。很多投资者希望牛市的时候自己能满仓，熊市的时候能空仓。但这基本上做不到，因为大部分时间市场的波动幅度不大，你看到市场行情转好，感觉牛市要来，但你一买进，市场又开始下跌；你看到市场下跌，感觉熊市要来，但你一卖出，市场又开始上涨。所以，"择时（预判牛市和熊市，并决定加仓或减仓）"是非常难的。

"择时"很重要，但很难。我曾开玩笑说："如果你有能力择时，那么股票根本就不需要研究，直接去做股指期货，它能做多、做空，还能加杠杆，赚钱比投资股票快多了，那巴菲特、林奇可能都不是你的对手。但据我所知，股指期货市场中根本就没有常胜将军。我认识的这么多股票投资的成功者，几乎没有声称自己擅长择时的。"

> 延伸阅读

区别"重要的事"和"能力圈内事"

我要和大家谈谈股票投资的一个重要原则，那就是投资要区分"重要的事"和"能力圈内事"。

在股票投资中，很多东西尽管非常重要，但它们不是你能力范围内能预测、能把控的事情，你就不应该把你的时间、精力放在研究和预测这些东西上。对绝大多数投资者来说，甚至对绝大多数机构投资者来说，宏观经济就是"重要但是能力圈外"的事情。

其一，宏观经济本身很难预测，大部分经济学家的预测类似于"算命"，算准率其实并不高。有人曾经这样说："经济学家预测出了过去5次衰退中的9次。"2017年有一件很有意思的事情，年初的时候，绝大部分经济学家对人民币汇率很悲观，但 2017 年人民币却升值了。

其二，宏观经济走势和股票市场走势之间也未必是强相关性。股票市场提前、同步、滞后反映宏观经济，都有可能，所以根据宏观经济的判断来预测股票市场的走势，理论上很正确，实践中非常困难、非常不靠谱。

反过来，如果你真有能力预测宏观经济，而且能从宏观经济中预测出股票市场走势，那么你可以买股指期货，就不需要研究和投资个股，因为股指期货带杠杆，收益会更高。

正因为这样，投资大师巴菲特指出："做宏观预测，或者听别人的宏观或市场预测，纯属浪费时间。事实上，它还是很危险的，可能让你的视野变得模糊，看不清真正重要的东西。"另一位投资大师彼得·林奇也说过："根本没有任何人能够提前预测出未来利率变化、宏观经济趋势以及股票市场走势，你不要理会任何对未来利率、宏观经济和股市的预测，集中精力关注你投资的公司正在发生什么变化。"

我观察了我身边的专业投资者后发现，越成功的投资者，越少关心宏观经济走势和股票市场走势。

那么，这些成功投资者关心什么问题呢？答案是能力圈内的事情。

所谓能力圈内的事情，是你能研究清楚、你能跟踪的东西，也就是股票的基本面。

相比于宏观经济和指数，某些股票的基本面，是普通投资者能把握得住的东西。比如贵州茅台这样的公司，你只要花些时间，就能知道它产品卖得好不好，产品价格是在涨还是在跌。研究这些东西，远比研究宏观经济和指数要容易得多、靠谱得多。

而且，不管经济周期如何，不管股票市场整体涨跌如何，总有一些基本面优秀的公司，能穿越周期，持续成长，给投资者带来丰厚的回报。像贵州茅台、格力电器、海康威视这样的股票，就穿越了经济周期，穿越了牛熊市，成为超级大牛股。

所以，投资者要聚焦"能力圈内且重要"的事情，选择基本面优秀、股价能持续增长的好股票，以合理价格买入，持续跟踪，坚持持有。

哪些是重要但不是能力圈内的东西呢？那就是宏观经济、指数、汇率、利率等，投资者花时间研究和预测这些东西，只会事倍功半。

哪些是能力圈内但不重要的东西呢？比如投资者手中股票的盈亏状况，研究这个很容易，但它与股价未来走势没有相关性，所以我们不必过于关注。但很多投资者会根据自己手中股票的盈亏状况来决定买卖。

哪些是能力圈外不重要的东西呢？我认为股票市场的短期波动既不重要，也很难预测，但个人投资者偏偏喜欢预测短期涨跌，天天盯着 K 线做交易。把时间花在这些既不重要又是能力圈外事情上的人，很难做好投资。

有没有相对靠谱的整体仓位控制方法呢？我觉得是有的。我们建议的仓位控制方法，原理很简单，注意两个核心变量：股票市场的相对吸引力和未来的企业盈利增速。

股票市场的相对吸引力，我们可以用"**全市场市盈率的倒数–5 年期国债收益率**"来衡量，一般来说这个值在 4%以上，股票市场就有吸引力。

未来的企业盈利增速，我们可以用上市公司的一致预期增长率及其变化趋势来衡量。

我们就是用这样的简单策略来确定合理仓位的。

大家看表 7-1 的仓位策略，其实逻辑很简单：估值越低、盈利增长越好，仓位越高。这样的仓位策略不太考虑股市的波动，可以有效屏蔽股市波动对投资者造成的恐惧。我们用这样的策略回测，发现效果不错，能大幅度降低组合的波动性，提高组合的夏普比率（Sharpe Ratio）。

表 7-1 一个简明的仓位策略

	股票市场吸引力高	股票市场吸引力低
企业盈利增长快	高仓位	中等仓位
企业盈利增长慢	中等仓位	低仓位

图 7-2 是我们用这种仓位控制方法回测的组合净值。从 2010 年到 2018 年，组合净值为 1.6，上涨了 60%，而同期沪深 300 的累计净值只有 0.9 左右，跌了 10%，我们的策略大幅跑赢了基准指数。

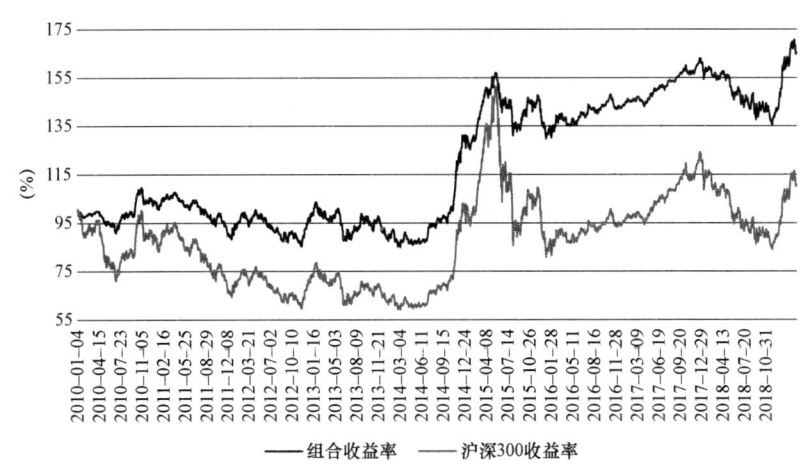

图 7-2 组合收益率和沪深 300 收益率对比

资料来源：通过市场公开信息进行回测。

我们的仓位策略为什么能大幅跑赢基准指数呢？我们结合2010—2018年的情况对这个仓位策略做了分析。

（1）2010—2014年，A股市场的平均市盈率持续走低，从将近30倍下降到10倍不到，我们测算出的**"全市场市盈率的倒数−5年期国债收益率"**也由不到1%增长至6%左右，2011年9月这一比例超过4%，表明当时的股票吸引力已经很高，而企业盈利增速也维持在较高的水平，因此策略组合在2011年9月左右增加了仓位，多配了一些绩优便宜的股票。

（2）2015年，A股市场迎来了一轮牛市，A股市场的市盈率也随着市场情绪的波动快速提高到20倍左右，结合国债收益率计算的参考指标值再次回到了2%以下（2015年4月），而此时的企业盈利预期增速已经相较于2011年有了显著的下降，说明当时股票的吸引力已经非常低，应该给予很低的仓位。

图7-3是我们样本组合的收益率及仓位配比，在2015年4月和5月，回测样本进行了降仓操作。接下来A股市场发生的事情相信大家都还有印象，6月至8月，中国股市经历了两轮断崖式下跌。上证指数在短短的53个交易日内从5 178.19点跌至2 850.71点，跌幅近45%。而组合策略却基于股票吸引力和企业盈利能力的理性判断躲过了这两次股灾，保住了组合收益。

特殊时期组合策略和沪深300净值对比如图7-4所示。

（3）到了2018年年初（1月24日），**"全市场市盈率的倒数−5年期国债收益率"**再度下降到2%以下，说明股票的吸引力又下降了，仓位应该降得更低。

我们并没有对这个仓位策略做过度拟合和优化，就是按照基本

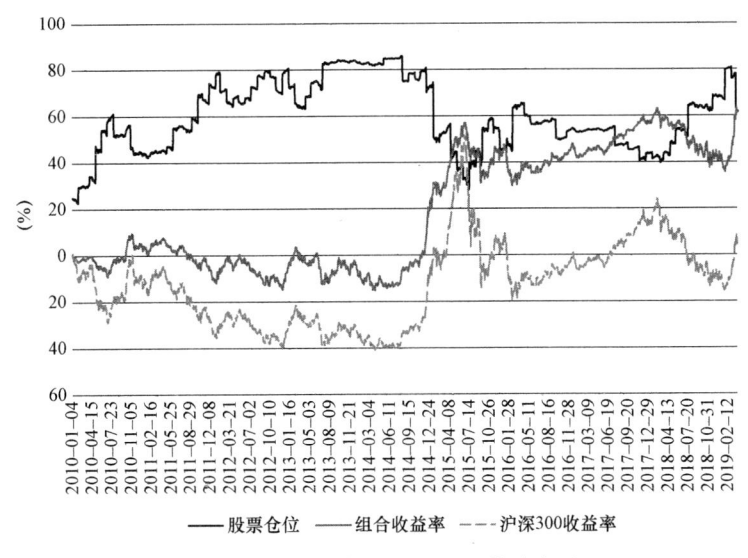

图 7-3　组合收益率和沪深 300 收益率对比

资料来源：回测数据。

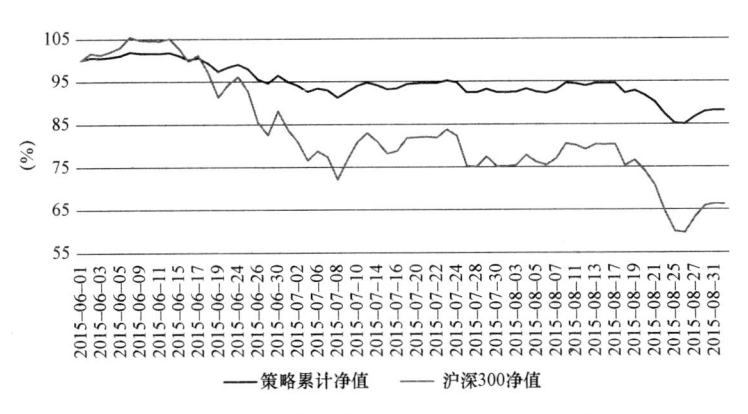

图 7-4　股灾暴跌时期策略累计净值和沪深 300 净值对比

资料来源：通过市场公开信息进行回测。

面投资的逻辑来设计的。而严格遵守仓位策略的目的是帮助基金经理或者个人投资者解决"恐惧和贪婪"的问题，帮助大家屏蔽噪声，在市场普遍"贪婪"的时候保持理性，在市场普遍"悲观"的时候保持自信，从而专注于基本面逻辑，专注于股票的估值判断，理性投资，明智决策。

在现实投资中，有两种经常被使用的仓位策略：一种策略叫固定股票比例策略，另一种叫安全垫策略。

固定股票比例策略是指，股票仓位基本上维持固定比例，比如70%，另外的30%配到债券或者货币基金上。但股票价格发生较大波动后，股票仓位会偏离预先设定的目标，这时候你需要重新调整你的仓位。比如你的股票价格涨上去之后，股票仓位就会因为股价上涨而超过70%，达到80%的时候，你就卖掉一些股票让股票仓位回到70%；当股价下跌的时候，股票仓位到了60%，你就卖掉一些债券或者货币基金，买入一些股票，把股票仓位加回到70%。

固定股票比例策略背后的逻辑是"高抛低吸"，也就是股价涨得越高、抛得越多，跌得越多、买得越多。这样的策略适合比较平稳的市场，因为市场在较小的范围内波动时，这种策略可以让你做"小波段"。反过来，如果遇到大牛市，随着市场不断上涨，你会不断卖出股票，可能会"错失"好时机；如果遇到大熊市，随着市场不断下跌，你会不断补仓买入股票，你可能要忍受较大幅度的套牢或亏损。

安全垫策略是什么？我们开始投资股票时，先低位建仓，比如先买20%仓位的股票，剩余仓位配置债券或者货币基金。等组合有5%的盈利，我们把仓位提到40%；等组合有了10%的盈利，我们把仓位提高到60%；等组合有了20%的盈利，我们可以考虑满仓股票。

这个策略背后的逻辑是什么？就是本金很重要，本金不能发生亏损。所以我们开始的时候仓位要低一点儿，避免本金亏损，等组合有了盈利，再加大风险暴露程度，因为盈利回撤相对于本金亏损，更加容易让人接受。这种策略有没有道理？我觉得心理因素的作用更大一些。本金为什么比盈利更重要？盈利被侵蚀不是同样在亏钱吗？所以，这只是一个心理问题。

前面在讲技术分析的时候，我们提过行为金融学。行为金融学中有很多有趣的心理学实验，它们的结论很有意思。比如，你以1元钱赚了0.2元，然后亏了0.1元，变成1.1元，这时候很多人觉得无所谓。但是如果你的本金是1.2元，亏了0.1元，变成1.1元，这时候很多人会很痛苦。这说明人是非理性的，因为从逻辑上来讲，都是亏了0.1元，是没有区别的。但对很多人来说，利润回吐和本金亏损，是完全不一样的。安全垫策略就认为，同样金额的钱，本金比盈利更重要。

安全垫策略的本质是"追涨杀跌"，适合大波动、大震荡的市场。牛市初期，小仓位股票开始赚钱，随着牛市越来越深入，仓位越来越重，一直到满仓。万一碰到熊市，随着盈利回测，投资者要不断减仓，市场再熊，也亏不了多少。大波动、大牛大熊的时候，这种策略很有效。如果投资者用这种策略去应对平衡市，效果就很糟糕，因为刚加仓，市场就可能下跌，刚减仓，市场就可能上涨。所以，没有一个万能的仓位控制策略，不同的策略背后有不同的逻辑，不同的策略适合不同的市场。固定股票比例策略和安全垫策略对比见表7-2。

表7-2 固定股票比例策略和安全垫策略对比

	固定股票比例策略	安全垫策略
具体做法	比如配置70%股票、30%现金，每当股票持仓比例低于60%或者高于80%时，调整回70%	安全垫越高，仓位越重
背后逻辑	股票仓位只和自己的风险偏好相关	保住本金的重要性大于保住盈利的
适合市场	平稳市场	大波动市场

除了整体仓位，投资者还要考虑个股仓位。现代组合理论告诉我们，要分散风险，过度集中持股（比如只持有2~3只股票），风险太高。那么，分散到什么程度是合适的呢？有人通过实证分析得出，20~30只股票就基本能分散非系统性风险。但对于个人投资者来说，资金、时间有限，分散到8~10只股票可能就够了。

具体到某只股票，确定性越大，空间越大，仓位可以更高。当然，任何一只股票的仓位不要超过总仓位的15%~20%，超过这个比例，风险就有点儿高。

我有一位朋友，他有一个"3—6—9"的个股仓位配置方法。我觉得很实用，介绍给大家。他的方法如下：第一步，当他觉得某公司很不错，但还不是特别确定，就先买入3%的仓位。有了3%的仓位，他就会紧密跟踪这家公司的基本面变化，增加对它的了解。第二步，当他对这家公司理解加深、更加有信心之后，会把仓位加到6%，这是单只股票的中性仓位。第三步，当这家公司的基本面有超预期发展，或者估值更有吸引力的时候，他会把仓位加到9%，这是他重仓个股的仓位。

随着股价的变化，个股仓位会偏离你预先设定的目标，这时候怎么办？这时候你同样需要重新调整你的个股仓位。举个例子，你买入一只股票，买入价格是10元，占你组合的权重是10%，10%是你准备配到这只股票上的合理仓位。现在股价涨到了15元，如果其他股票价格没有变化，这只股票占组合的权重就变成了15%，这时候你要卖掉一些股票，让这只股票的权重重新回到10%；反过来，股价跌到了5元，如果其他股票价格没有变化，这只股票占组合的权重就变成了5%，这时候你要加仓，让这只股票的权重回到10%。

所以，个股仓位调整的基本原理是在不同股票之间"高抛低吸"，加仓表现差的股票，减仓表现好的股票。调整的好处是，依靠规则

"高抛低吸",长期能降低组合波动率,提高组合绩效。当然,整体仓位和个股仓位按照规则调整的前提,是股市整体基本面和个股基本面没有发生大的变化。

预先设定股票的卖出条件

和设定买入股票的条件类似,在买入股票之前,我们也要预先想清楚股票的卖出条件。我们说基本面投资讲究"买卖逻辑自洽",买入股票是因为"基本面好+估值合理",那么卖出股票的相应逻辑应该是"基本面变差或者估值不再有吸引力"。

对于每只股票来说,基本面变差可以有很多衡量的方法,比如收入和利润增长远远低于预期,某个重要基本面因素发生重要逆转,如某医药公司的一款重要在研新药没有通过临床试验。对投资者来说,在买入股票之前,要预先确定哪些基本面因素一旦恶化就必须卖出股票。

什么是估值不再有吸引力?前面说到一家公司的合理估值区间是 8.5~11.5 元(中值是 10 元)。比较稳健、更注重价值的投资者,一般在股价到 11 元附近,就可以考虑卖出;比较进取、更看重成长的投资者,可以等股价高出合理区间上限 20%,也就是 14 元左右再卖出。对投资者来说,在买入股票之前,就要预先设置好自己的止盈价格。

道理说起来容易,但实际操作起来并不容易,为什么?

一是公司基本面发生明显恶化的时候,你会发现股价往往已经跌了不少,因为市场上总有一些投资者比你先知先觉。这时候,你要判断坏消息是否已经充分反映在股价中,而这很难。

二是公司股价上涨超出你预先评判的合理估值区间,有可能是公司基本面发生了超预期的变化，但你不知道。这时候如果你卖出股票，可能错失了一只大牛股。

很多人会说自己有止盈止损的策略，比如涨20%就止盈，跌10%就止损，这样是不是就能赚钱，因为止盈的幅度比止损的幅度大，这种策略奏效吗？显然不能，因为忽略了概率问题。你如果止损了5次才止盈1次，是不是亏损了？这样的策略看上去正确，但考虑概率以后就觉得它很荒谬。

对于基本面投资来说，止盈止损的核心是什么？不论止盈还是止损，核心是两点，第一要看基本面有没有变化，第二要看估值是不是已经到位了，而不是简单地在涨了多少时止盈，在跌了多少时止损，所以止盈止损是与基本面和估值相关的。

止盈止损与你的持股成本没有关系。一只股票今天是10元，半年之后它涨到11元或12元，跌到9元或8元，与你的持仓成本有关系吗？没有关系。但是绝大部分个人投资者会因为成本影响决策。比如，某只股票8元钱买入的，现在涨到10元钱，要卖出这只股票，你很容易下手。某只股票12元买入的，现在跌到10元，你要卖出就很可能下不了手，这就是人性的弱点。

除了这两个原因，还有第三个卖出股票的原因，那就是你发现了一只空间更大、确定性更高的股票，投资者的资金有限，这时候选择换股也是明智之举。我们进行基本面投资，除了买入持有策略，还有一种更有效的方法是"接力法"，即对投资标的达到预期收益后不再简单机械地长期持有，而是通过"接力"的方式，换成一个安全边际更大或者成长空间更大的投资标的。投资者寻找一只股价能涨8倍的股票很难，但通过"接力"的方式先后在3只股票上赚1倍，同样可以达到赚8倍的效果，后者可能更容易、更现实。

第八章　跟踪股票基本面的变化

做基本面投资的人，大多坚持买入持有策略，但是买入持有策略并不是"死捂"股票。我们很多个人投资者会有这样的误区："我做'价值投资'，所以我要'死捂'股票，不管它怎么样，我就一直持有；实在套牢了，我就把股票留给女儿做嫁妆。"这种想法完全错误，正确的做法是买入股票之后做长期持有的准备，与此同时，要紧密跟踪基本面的变化。

紧密跟踪也不是天天看盘，很多投资者上午 9 点半到 11 点半、下午 1 点到 3 点是必须要看盘的，看到 K 线跳动，心里才安稳。但对做基本面投资的人来说，看 K 线是没有任何意义的，那几根曲线变化、几个数字跳动，并不提供任何公司基本面的变化信息。所以我的投资习惯是不看盘，每天最多看一下公司公告的重要新闻。

那么买入股票之后，我们要怎样正确跟踪呢？

识别关键驱动因素

买入股票之后，我们要跟踪的不是股价。股价波动天天有，投资者过度关心股价波动，除了带来情绪的起伏，影响客观判断之外，不会有任何益处。

我们要跟踪什么？要跟踪关键驱动因素的变化。

什么是"关键驱动因素"？在一段时间之内，影响股价涨跌的因素有很多，但是真正对股价有持续、重要影响的，往往只有几个重要因素，这些重要因素就是关键驱动因素。有些偶然的因素也会影响股价，比如"乌龙指"，把小数点打错，使股价涨停了，可这不是关键因素，虽然股价涨停，但很快就会降下来。

投资股票需要一个很重要的基本功，就是会区分"信号"和"噪声"。真正对股价有持续、重要影响的是什么？是信号。但日常生活中，我们接触到的绝大部分信息其实都是噪声，它会对股价形成微小的扰动，但是扰动之后，我们会发现它其实没有什么影响。所以做基本面投资的人，就要在各种各样的信号和噪声里进行辨别。

我们来看几个例子，一起分析哪些是信号（关键驱动因素），哪些只是噪声。

情形1：某公司计提了2亿元的存货跌价损失，导致当年亏损5 000万元，这是关键驱动因素吗？其实不是，我会把它理解为一个噪声。因为降价是已经发生的，它的计提只是账面处理问题，它的基本面不好是过去式，计提是事后确认。

情形2：某公司的核心技术人员获得了政府的科技进步特等奖，这是信号还是噪声？我认为它是噪声，因为获奖本身不会对这家公司产生实质性影响。2015年10月，屠呦呦因为发现青蒿素治疗疟疾的新方法获得诺贝尔医学奖，和青蒿素有一点儿相关的复星医药股价就跳空涨停了，这是信号还是噪声？当然是噪声。屠呦呦获奖能使复星医药卖出更多的青蒿素吗？不能。青蒿素被发现已经有几十年，获奖这件事不会对复星医药基本面产生任何影响，所以复星医药股价上涨之后马上就降了下来。市场有时候不理性，会对类似噪声有所反应。

情形3：某公司的核心团队成立了一家新公司，这家新公司可能会和原公司形成竞争关系，这是信号还是噪声？这显然是一个非常重要的信号，投资者要高度警惕。如果这家新公司，与原公司生产差不多的产品，在没有竞业禁止规定的情况下，这件事情的影响可能会很大,所以它是一个信号。

情形 4:由于地震的影响,公司某些生产线严重受损,很长时间内无法开工。这应该是信号,因为这件事情会对产品的供求关系产生很大影响。

所以,我们鉴别信号和噪声,就是要判断某个信息会不会对公司的收入、成本、业绩等产生比较大的持续影响。

2017 年,A 股市场的一家上市公司,原来做传统出版业务,近几年业绩不佳,因为传统出版行业受到了新媒体的冲击。所以,这家上市公司准备把传统出版业务剥离,注入集团的游戏平台资产,因为集团的游戏资产业绩表现不错。

一家券商分析师向我们推荐这家公司,说有领导非常重视这家公司的重组计划,并直接关注和推动这件事情,想把这次重组做成"互联网融合"的典型案例。那么,领导高度关注重组,是信号还是噪声?

我听完后就在想:领导能不能帮这家公司吸引游戏玩家?游戏玩家会不会因为这家公司有领导关心,就一定去玩这家公司的游戏?好像不会,因为游戏是一个完全竞争化的市场。所以我认为它是一个噪声,对基本面是没有影响的。

在讨论这家公司的时候,我们的一位年轻同事和这位券商分析师说道:"这个游戏平台还在经营吗?我很小的时候玩过这个平台的游戏,但已经好多年没玩了,我以为它已经关闭了。"这句话是信号还是噪声?我觉得是信号。因为这是用户的反应和需求。如果用户都说自己已经很长时间没玩过这个平台的游戏,意味着这个游戏平台已经在走下坡路,尽管公司在资产注入,但已经走下坡路的资产,并没有多大吸引力。

我们个人投资者一听到领导高度关心、亲自推动的信息,就觉得这只股票一定有潜力。但是仔细想一想，领导关心，就能给公司带来流量、吸引客户呢？领导关心能不能使公司开发出好游戏呢？显然不能。但是那位小伙子漫不经心的一句话却引起大家的重视，因为那句话的背后可能是公司基本面的变化趋势。

这个例子表明，不要被表面的东西所影响，你要看到问题的本质。我们做基本面投资，就要不断鉴别信号和噪声。

我们来看一看，哪些是股票的关键驱动因素。

不同的行业、不同发展阶段的公司，有不同的关键驱动因素。比如互联网初创公司，我们要关注它的 App 下载量、日活跃周活跃月活跃数据等，这些数据可能比收入、利润这些指标还要重要。对于一些发展初期的电商公司，成交总额很重要。成交总额是平台销售金额。对于连锁行业，我们要看开店数量和坪效，这些是非常重要的驱动因素。对于服装行业，我们看库存；对于白酒行业，我们看预收账款。贵州茅台的预收账款大幅增长，说明它的产品供不应求，经销商要预先把现金打进来，它才会发货。

我们除了关心公司本身的经营情况，还要关注重要客户和重要供应商的动态。一般来说，上市公司的客户集中度越高，风险越大。一家曾叫劲胜精密，现在叫劲胜智能的公司，是给手机制造商提供元器件的。2010—2013 年，这家公司的业绩高速增长，但是 2014 年开始下降，2015 年出现亏损，亏损将近 5 亿元，一年几乎把前面几年的利润都亏掉了。这家公司有一个特点，它对最大客户的销售额占收入的 50%以上。它的最大客户是三星，三星发展的高峰期是在 2012 年、2013 年，手机销售得非常好，很多人觉得苹果都快要被它超越了。但是到了 2014 年、2015 年，三星开始走下坡路，之后又碰到"电池门"事件，三星发展惨淡，劲胜智能的业绩也跟着下滑。所以客户集中度高，是一种风险，我们需要紧密跟踪。

除了跟踪重要客户，投资者还要关心竞争对手的动态。前几年我们找代驾，都会叫"E 代驾"，E 代驾可以说是全国最大的代驾平台。滴滴做大之后，开始发展代驾业务，靠补贴抢代驾业务，滴滴的流量大、资金实力雄厚，E 代驾的生存变得很艰难。所以我们要关心竞争对手的动态，尤其是一些巨无霸竞争对手的动态。以前互联网初创公司最担心的是腾讯，因为其他公司有了一个商业模式，腾讯就会复制并进行竞争，所以一段时间内很多人都在责怪腾讯，因为腾讯一参与竞争，小公司就会倒闭。当然，现在腾讯已经有很大的改变，它有了更加开放的心态，其他公司做得不错，它会投资，将公司做大。

对有些公司来说，政策有举足轻重的影响，比如互联网彩票公司。美国的一家上市公司 500 彩票网，原来业绩很好，可这两年颗粒无收，因为互联网彩票业务被政府叫停了。新能源汽车也一样，2015 年新能源汽车行业井喷式增长，这和补贴分不开。但这背后有骗补的，所以 2016 年相关部门开始查骗补情况，很多公司受到很大影响。对于政策影响大的行业和公司，我们要重点跟踪政策的变化。

大家都比较熟悉 PPP 公司，投资者如何跟踪 PPP 公司的基本面呢？我们要理解 PPP 公司的商业本质。PPP 公司的商业本质是"类金融公司"，一边大规模负债融资，一边投向能产生稳定回报的资产，通过加杠杆实现高净资产收益率。

在这个商业模式中，关键驱动因素有以下 3 个。

（1）企业的融资成本。企业的融资成本越低，PPP 公司越赚钱。

（2）所投资产的回报率。企业所投资产的回报率越高，PPP 公司越赚钱。

（3）坏账率。坏账率越低越好。

长期的力量

PPP 公司被追捧，是因为市场没有意识到它的"类金融公司"属性，给予它很高的估值，但事实上应该参考银行股给予它估值。所以市场一旦意识到它"类金融公司"的属性，就会开始杀估值。

当然，市场杀估值的另一个原因，是上面 3 个核心变量都在变差。企业的融资成本因为金融紧缩在上升，过度竞争使得企业所投资产的回报率下降，而地方政府的履约能力下降，会使坏账的风险上升。这些因素，最终导致曾经一度被追捧的 PPP 概念股被资本市场抛弃。

总之，我们寻找关键驱动因素，就要抓大放小，关注主要产品的销量和价格、主要成本的边际变化、主要客户和主要竞争对手的动态和政策的变化。

跟踪关键驱动因素

上市公司会定期披露季报、年报等，在这些定期报告中，收入、成本、利润等情况都会被公布。但市场上往往有人能提前判断出公司的收入和利润情况，而股价在季报、年报披露之前就可能已经做出了反应。

我们跟踪关键驱动因素的变化，能帮助我们提前判断公司的业绩变动趋势。

格力电器的主营业务收入是空调的销售额，投资者要考虑什么因素会影响空调的销售。一是房地产的销售，二是气候。所以，投资者如果持有格力电器的股票，应该关心房地产的销售数据和气候的变化。如果今年房地产销售情况很好，格力空调大概率会卖得不错。如果今年夏天很凉快，格力空调可能会销售得不理想。如果跟踪了这些因素，投资者可能比只看季报、年报的人能提前判断出公司的基本面变化。

港股中有周大福、周生生等卖珠宝的公司股票，我们平时很难及时了解它们的珠宝销售得怎么样，只有等它们的半年报、年报公布，才会了解它们的销售业绩。内地客户是香港零售业的主要客户，于是有人就专门跟踪了从中国内地到香港的访客的数量，这个数据是香港官方网站定期公布的，更新的频率也很高，这是不是一个关键驱动因素呢？

在美国上市的陌陌最近几年业绩很好，主要因为它做直播业务。有一家小公司，它开发了一个软件，这个软件统计陌陌直播间里排名前 50 的直播间有多少人在观看、刷了多少礼物，而跟踪这些数据和趋势，它就能预判陌陌的收入情况。

所以，跟踪关键驱动因素的方法很多，可是普通投资者没有那么多资源和时间，该怎么办？

我们主要可以通过以下几点来跟踪。

一是尽量选择自己能力圈内的公司投资。这在前面已经说了，"能力圈内"是指你不仅能搞懂公司的基本面，还有能力跟踪公司基本面的变化趋势。

二是尽量用好那些能得到的资源。比如上市公司公告、券商分析师的分析报告，都是比较容易得到的，我们花时间跟踪这些信息，远比把时间花在跟踪股价波动、看 K 线上有价值。

三是多做基本调研。跟踪贵州茅台的投资者，可以找经销商交流，这是最直接的信息渠道。跟踪消费品的投资者，可以多逛逛超市，看看商品的销售情况。有的专业投资者特别喜欢逛超市和商场，他们的主要目的是做基本调研。有的人特别关心商品的生产日期和保质期，如果某商品的生产日期很近，说明商品销售得好；如果某商品的保质期不远了，说明商品销售得不好。

识别和利用预期差

2016年的高考语文卷中有一个看图写话题。图中的大致内容是：一个孩子平时总考100分，这次考了98分，爸爸妈妈很生气，打了他一巴掌；一个孩子考试一直不及格，这次考了61分，爸爸妈妈开心得不得了，亲了他一口。

我看到后心里想：这不就像股票投资吗？它说的就是"预期差"。

预期差是预期值和实际情况之间的差异。我对你有预期，当你低于我的预期的时候，我就不满意；当你高于我的预期的时候，我就满意。所以，按道理说，98分已经很高了，但孩子还是被批评了；61分其实很低，但孩子还是被表扬了，因为一个低于预期，一个超预期。

股票市场也是这样。短期内，股价波动是被"预期差"推动的。我们经常会听到一句话："利空出尽是利多，利多出尽是利空。"其实它背后的逻辑是预期差。跟"预期差"相关的是"预期内"，即被市场充分预期，股价已经反应甚至过度反应。"预期差"是市场还没有充分预期到，股价还没有充分反应。

我在2014年年初的时候，觉得贵州茅台有一个很好的投资机会，因为当时市场对贵州茅台很悲观，这时候的预期很低；但是一些经销商朋友告诉我，贵州茅台的销量已经恢复，而且都是真实的市场消费，这是一个正的预期差。投资者掌握了正的预期差，就有了投资机会；投资者掌握了负的预期差，就能回避风险。

前面讲了信号和噪声，现在讲了预期差，我们用表8-1进行总结。

表 8-1 信号和噪声

	信号事件	噪声事件
股价没有反应	机会或者风险，赶紧行动	不用理会
股价反应	重新做基本面分析和估值判断	跟市场反向操作

信号事件发生，股价没有反应的情况，我们以贵州茅台为例。2014年年初，市场普遍对贵州茅台悲观，股价很低；但经销商的一手信息显示贵州茅台销量已经恢复。这时候投资者要跟着信号走，因为这是买入机会。

噪声事件发生，股价反应的情况，我们还以贵州茅台为例。2011年的时候，贵州茅台的股价大幅下跌，因为塑化剂事件发生。如果投资者判断这个因素是一个噪声，对贵州茅台没什么影响，贵州茅台完全有能力处理，而股价已经过度反应，那就应该反着做，以低价买入。

信号事件发生，股价也反应了，是我们最经常碰到的情况，也是最难的情况。这时候，投资者要做的是重新评估公司的基本面，根据新的基本面给公司做估值。

正确应对"黑天鹅"

我们在股票投资时经常会遭遇"黑天鹅"，"黑天鹅"是负的预期差。这些年，股票市场的"黑天鹅"很多。

对投资者来说，要学会正确应对"黑天鹅"。正确应对"黑天鹅"的方法如图8-1所示。

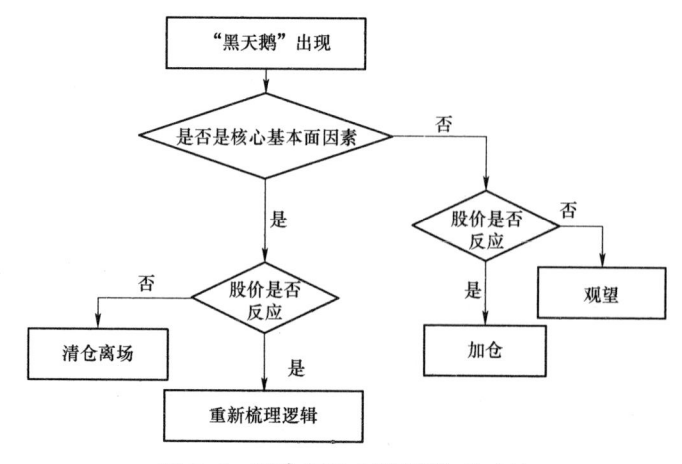

图 8-1 正确应对"黑天鹅"的方法

意外发生，即预期差发生，我们要做几个判断。

首先，我们要判断这件事情到底是不是关键驱动因素（信号还是噪声），然后判断股价是不是已经反应了。

根据不同的情况，投资者要做出不同的决策，可能不用理会（噪声+股价未反应），可能加仓（噪声+股价下跌），可能赶紧减仓或离场（信号+股价尚未反应），当然最有可能的是重新做基本面和估值判断。

影响可控的一次性"黑天鹅"事件，可能造就买入良机。面对不造成毁灭性打击的、影响可控的一次性"黑天鹅"事件，市场情绪会使股价大幅下跌，这时可能是买入良机。

例如2012年白酒塑化剂事件爆出当天，酒类板块跌幅居首，单日下跌幅度超6%。塑化剂事件导致市场情绪失控，贵州茅台蒸发了数百亿元市值。事后来看，这种一次性的"黑天鹅"事件，反而是投资者进场的良好时机。

再比如2018年年底的中石化原油期权投资失败，损失达到几十亿元，相关负责人被停职、被免职，这一事件引起市场高度关注，中石化的市值下跌超 1 000 亿元。这也属于影响可控的一次性"黑天鹅"事件，一次投资失败，虽有亏损，但对于体量庞大的中石化来说，并不会伤筋骨。此类事件的发生反而会促进公司加强管理，从长期看，可能是好事。

因此，碰到"黑天鹅"的时候，我们要用系统性的、逻辑性的思考方式来应对，这样就不会盲目止损、盲目加仓或者离场。

综上，股票买卖之后，我们要做的事情是：一不"死掊"股票，二不天天盯着 K 线，而要跟踪关键驱动因素的变化，并结合股价变化，理性做出决策。

第三部分

做个聪明的投资者

前面我们讲了构建盈利体系的重要性，以及基本面盈利体系的基本内容，这一部分我们和大家谈谈个人投资者经常容易犯的错误，以及如何做个聪明的投资者。

第九章 投资者常犯的错误

在日常工作中,我接触过很多个人投资者,他们对投资的理解和实践有些偏差。这一章我们会把一些最常见的投资错误梳理一下。有些错误,不仅个人投资者会犯,很多专业投资者也会犯。

把股市当作赌场

股票市场到底是什么?对于这个问题的回答,决定了投资者的投资思路和投资方法。很多投资者把股市当作赌场,认为股市充满了各种"阴谋",却还沉浸其中。那股市到底是不是赌场呢?

这取决于你对什么是股票这个问题的回答。投资者对股票有两种完全不一样的认知,一种认为股票是分享上市公司成长的工具,买股票就是买上市公司,上市公司业绩增长了,公司就会分红,股价就会上涨,投资者就可以获得投资回报。

另一种认为股票是博弈的筹码。什么是博弈?说得直白一点儿,就是赌博。既然股票是博弈的筹码,那购买股票跟基本面就没有关系,购买股票的目的是"击鼓传花",只要有人愿意以更高的价格接筹码就可以。我问过一些个人投资者买股票看不看基本面,他们往往会回答,看基本面赚钱太慢,他们只有一点儿资金,就想赌一把,赚快钱。

我承认,在股票市场,很多股票甚至大部分股票确实没有长期投资的价值。如果股票是博弈筹码,那么你获利的来源就不是上市公司创造的利润,而是其他人亏的钱。大家都知道,在赌场十赌九输，因为赌博是零和游戏，甚至是负和游戏。投资者赚的钱就是别人亏的钱，而且相关部分要缴税，还要给券商支付手续费或佣金。凡是把股市当赌场、把股票当筹码的投资者，基本上都是亏钱的。

股票市场还是有一批非常优秀的上市公司，它们有很强的竞争力，充分分享了中国经济高速增长的红利。比如，贵州茅台2001年上市，自上市利润从3.28亿元增长到了2017年的约250亿元，上涨了70多倍，股价上涨了100多倍；格力电器，自1996上市利润从1.86亿元增加到了200亿元，增长了100多倍，股价也上涨了约100倍。它们都给长期持有的投资者带来了丰厚的回报。市场有上百个行业，这些行业的龙头公司，大多实现了业绩和股价的长期增长。这样的公司虽然占比不高，但我们上市公司的基数大，算下来，股票数量也不少。我们做过统计，上市以后涨幅超过10倍的公司，A股市场有400多家，如万科、格力电器、伊利股份、云南白药、恒瑞医药、万华化学等。涨幅在100倍以上的约有20家。A股市场有这么多长期牛股，大家是不是觉得意外？

即便你选不到十倍股、百倍股，你也可以买中国蓝筹群体的代表性指数——沪深300指数，这个指数2005年推出，推出时是1 000点，2018年是4 000点左右，10多年涨了3倍，年化收益率有10%以上。

我有一个好朋友，他是一位投资高手，在股票圈很有名。这么多年，他一直看好贵州茅台的投资价值，不管是碰到塑化剂事件，还是碰到股灾，一直坚定持有，他在贵州茅台上赚的钱已经使他实现了财务自由。

我们普通人不一定有他这样的能力和运气，但如果坚持基本面投资，寻找若干质地好、估值合理的股票，分散投资，长期持有，每年赚10%左右还是完全有可能的。

但可惜的是，大部分个人投资者认为股市就是赌场，来赌场就要赚快钱、要博弈，看不上每年赚 10%，但结果却是亏得很厉害。一些朋友买了股票后，问我所买股票怎么样，我看基本面很差，就问他们为什么买这只股票。答案五花八门，有听消息的，有看图形的，总之很少有人通过认真分析基本面买的，因为在他们眼中，股票投资和基本面没有关系，在股市就要赚大钱、赚快钱。

不看基本面买股票，就是赌博，"久赌必输"这个规律在股票市场也是发挥作用的。所以，股市是赌场这样的认知，是投资者亏钱的根本原因。

≫ 延伸阅读

资本市场的三类钱，你有哪一类？

我把资本市场里的资金分为 3 类，第一类是聪明钱，第二类是邪恶钱，第三类是傻钱。

什么是聪明钱？聪明钱是那些有深刻洞察力、前瞻判断力的资金。一般来说，聪明钱赚的是上市公司成长的钱。中国 A 股市场有很多公司给投资者创造了丰厚回报。当然，聪明钱有时候也会利用人的恐惧和贪婪，在市场低迷时买入，在市场疯狂时卖出，赚一部分其他投资者亏的钱。

邪恶钱是各类游资，它们不太看公司基本面，善于制造题材和热点，吸引个人投资者跟风，并趁机获利。它们赚的不是上市公司成长的钱，赚的是博弈的钱。它们赚的钱，基本上是个人投资者亏的钱。

傻钱，是不懂基本面，不懂估值，无知无畏的钱。A股市场这样的资金很多，而且源源不断。

聪明钱、邪恶钱和傻钱构成了A股市场的基本生态，如图9-1所示。

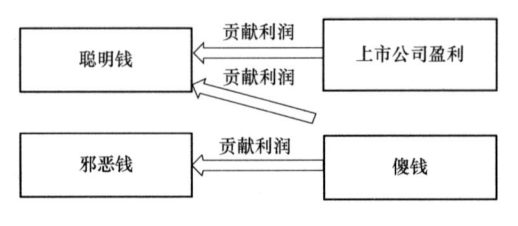

```
聪明钱 ←—贡献利润—— 上市公司盈利
      ←—贡献利润——
邪恶钱 ←—贡献利润—— 傻钱
```

图9-1　A股市场生态图

基于错误的原因买入股票

很多投资者投资股票，没有一套逻辑自洽、适合自己的投资体系，基于某些错误原因而买入股票，错误原因包括以下几个。

轻信所谓"内部消息"买入股票

市场上有太多投资者热衷于打听"内部消息"，各种各样的"内部消息"满天飞，但毫不夸张地说，很多掌握所谓"内部消息"的投资者，也还是难逃亏钱的命运。

为什么根据"内部消息"买股票不靠谱？首先，你利用"内部消息"交易本身是不合法的，甚至会让你身陷囹圄。其次，换个角度思考，普通投资者都知道的"内部消息"，还是"内部消息"吗？从这两点看，靠"内部消息"投资明显是不可靠的。

喜欢听信消息，不愿独立思考的投资者，只是盲目的赌徒。你不能将你的投资变成赌博。所以，巴菲特曾说："假如你有大量的内部消息和100万美元，一年之内你就会一文不名。"

因为"题材"买入股票

很多投资者热衷于购买有"题材"的股票，比如人工智能概念、并购题材等，并且认为机构也会进行"题材炒作"。我们不否认机构会进行题材炒作，但机构更多是进行主题投资。我们前面讨论过主题投资和题材炒作的区别：主题投资有严谨的逻辑支持，相关公司会较大概率兑现收入和利润的增长，持续的时间也较长；题材炒作不考虑业绩兑现，纯粹是利用市场的投机心理进行短期炒作。

因为"高送转"买入股票

A 股市场一度流行"高送转"，一有"十送十"，股价就上涨。"高送转"只是一个数字游戏，相当于把一张 20 元纸币分成两张 10 元纸币，对投资者没有任何意义，但很多投资者就是喜欢。所以，有些上市公司为了迎合市场炒作，曾经推出"十送二十"。不过近几年，监管部门加大了对"高送转"的监督力度，市场也慢慢意识到"高送转"没有价值，炒作风潮也就过去了。

因为股价放量突破买入股票

很多投资者喜欢买强势股，一看到股价放量突破就追，这是典型的追涨行为，持续追涨，不会获得好收益。还记得我们前面说的申万活跃股指数吗？它持续追强势股，连续追了近 20 年，最后亏损幅度超过 99%。

因为股票连续下跌买入股票

很多投资者喜欢买股价连续下跌的股票，认为自己在抄底。比如一些股票，明明将要退市，股价连续跌停，但有人也会买入持有。我问他们为什么买快要退市的股票，他们说这只股票连续10个跌停板，跌停板一打开就可以博反弹。一次、两次，这种方法可能会因为运气获得不错的回报，但长期按照这个思路操作，投资者一定会血本无归。

做价值投资的人喜欢在低位买入股票，但这是建立在基本面研判和估值分析的基础之上的，即股价非理性下跌，严重偏离其价值。如果没有这样的前提，投资者买入股票就是在刀口舔血。华尔街有句谚语是"不接下跌过程中的飞刀"，因为那是高危行为。

因为喜欢某公司的产品买入其股票

有些投资者学彼得·林奇，从自己喜欢的产品入手寻找投资标的，这当然没错。但你不能仅仅因为喜欢公司的产品而买它的股票，林奇也强调过这一点。它的产品好，是一个不错的选股线索，但更重要的是，做系统的基本面研究以及估值分析。投资是系统性的工作，投资者不能单纯以某一件事作为决策依据。

以上是我观察到的买股票的错误原因，当然还有很多其他的错误原因，这里不一一罗列了。

持仓成本影响决策

我问过很多投资者，对某只股票继续持有或者卖出，是不是取决于这只股票的价格未来上涨或者下跌？所有人觉得那是理所当然的。

我还问过另外一个问题，你持有的某只股票的价格未来上涨还是下跌，跟你现在是套牢还是盈利有没有关系？举个例子，一只股票的价格今天是 10 元，半年之后涨到 11 元、12 元，或跌到 9 元、8 元，跟你的持仓成本有关系吗？被问的投资者想了想后回答：没有任何关系。

如果我们把这两个问题及答案结合在一起，可以得出这样一个结论：你应该继续持有还是卖出某只股票，和你的持仓成本、盈亏没有任何关系，只和这只股票未来的涨跌预期有关。这个结论非常容易得出，但绝大部分投资者很难做到。绝大部分个人投资者会因为自己的买入成本影响决策：8 元买的，现在股价涨到 10 元钱，要卖这只股票，很容易下手；12 元买的，现在股价跌到 10 元，要卖出就很可能下不了手，这就是人性的弱点。

针对这种人性弱点，行为金融学做了大量的分析，发现了"损失厌恶"现象。人是极其讨厌亏损的，亏损 1 万元带来的痛苦远远大于盈利减少 1 万元带来的痛苦。在前面，我们已分析了这种现象。很多人认为，只要不抛，套牢就不是真正的亏损，这其实也是一个巨大的投资误区，也是人性的弱点。对于大多数人来说，把亏损股票抛掉，似乎是把潜在亏损变成真正的亏损，更深层次的原因是抛掉亏损股票等于承认错误，承认错误这件事情，对很多人来说是件不愿意面对、非常痛苦的事情。所以，投资者不愿意抛掉亏损股票，归根结底是和人性固有的弱点有关。

所以，很多投资者的股票一旦被套，就会选择做"鸵鸟"，还美其名曰自己是在做"价值投资"，不解套绝不卖出股票，被深度套牢就自嘲要把股票留给女儿做嫁妆。

有个人投资者可能会问，持有亏损股票，股价还有反弹、涨回来的希望，抛掉后，不就彻底扭亏无望了吗？对这个看法，我们要判断：第一，这只股票尽管已经严重被套牢，但它的基本面是否会好转？它的估值是否已经真的足够低？我们要注意，股票估值的高低和股票是否被套牢没有任何关系。这只股票的价格将来是否会反弹，和股票被套牢50%还是80%也没有任何关系。第二，尽管我们判断出，这只股票的价格将来确实有可能反弹，但是我们还要判断，是否有比这只股票更好的标的。当然，投资者寻找更好的标的，依然要从基本面和估值两方面考虑。如果能找到更好的标的，我们为什么不把有限资金转到更好的标的上呢？

所以，股票的价格未来会涨还是会跌，取决于基本面和估值，跟自己手中股票是盈利还是被套牢没有任何关系。所以，你一旦买入股票，就要忘掉自己的成本，因为你所有的决策和你的成本及盈亏没有任何关系。

对股价止损，而不是对基本面止损

很多投资者包括专业投资者都曾这样说："炒股要有铁的止损纪律！"很多人还会生动地解释："投资股票没有止损纪律，就好像把没有刹车的车开在高速公路上，迟早是要送命的。"

止损真的这么重要吗？当然，我完全赞同止损的重要性，我也认为没有止损机制的投资，就像没有刹车装置的汽车。但是我这里要跟大家谈一谈，什么是真正重要的止损。

在谈这个话题之前，我们一起看一段K线，如图9-2所示。

假设你在2015年年底买入这只股票，买入价格大约是15元。2016年年初遭遇熔断股灾，1个月左右的时间，股价从15元跌到10元左右，跌幅高达约30%。

面对这样的走势，很多投资者都会不淡定，包括我在内。这时候，有些投资者会有止损机制，很可能在股价跌了20%的时候，也就是在12元把股票卖了。在12元卖了股票的投资者，虽然损失了20%，但

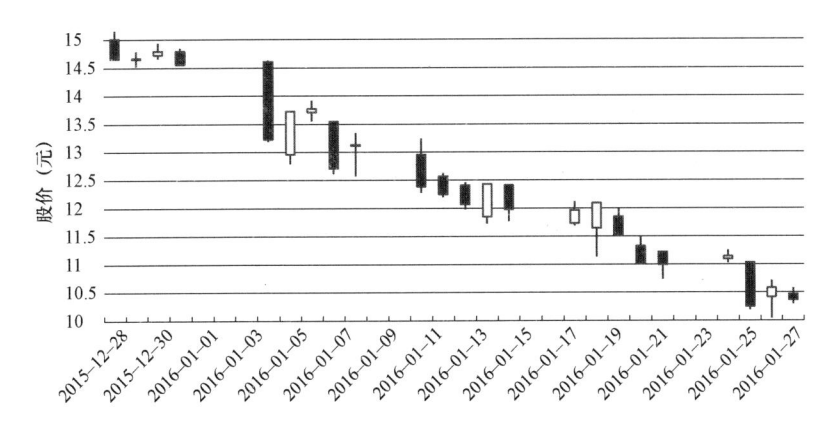

看到股价跌到 10 元，会暗自庆幸自己止损了。

图 9-2　某公司 2015 年年底至 2016 年年初的股价走势

资料来源：益盟智盈。

可是，2016 年这只股票价格一路上涨，两年时间里，股价从 10 元涨到 40 多元，如图 9-3 所示。这时候那些止损的投资者，会不会很后悔？

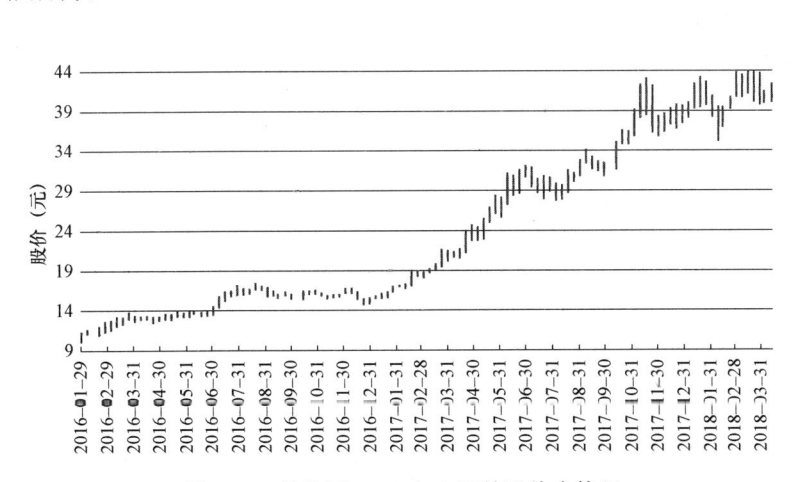

图 9-3　某公司 2016 年之后的股价走势图

资料来源：益盟智盈。

这只股票是海康威视,安防行业的龙头公司。

当然,这个例子有点儿极端。但我相信类似让人后悔的情况,很多投资者都碰到过,自己明明拥有过一只大牛股,却没有珍惜,股价跌了10%或者20%,就被自己硬生生止损了。

有些投资者很自信地告诉我,自己有非常严格的止盈止损纪律,比如股价上涨20%就止盈,股价下跌10%就止损,这样自己的投资就会立于不败之地。这个纪律听上去很有道理,涨20%止盈,跌10%止损,赚钱似乎很容易。但这些投资者忘了一个问题:概率。如果你买了10次股票,八九次是止损,亏的幅度肯定很大。大多号称自己有严格止损纪律的投资者,都是频频止损,难得几次止盈,所以止盈后的盈利远远不能弥补止损后的损失。

既然止损并非投资的万能良方,那么我为什么说止损很重要呢?这里我想给大家分享我投资理念中的一个非常重要的观点:投资要对基本面止损,而不是对股价止损。

什么是对基本面止损?那就是你如果发现自己对一家公司的基本面判断错误,或者一家公司的基本面发生了逆转,这时候你要坚决止损,哪怕自己已经亏了很多钱。举个例子,你买了某只股票,理由是你预期这家公司即将推出的新产品会大卖,结果新产品的销量远远低于预期,这时候你要坚决止损。一只叫华锐风电的股票,上市的时候市值曾经高达1 000亿元,但公司上市之后基本面不断恶化,股价一路下跌。股价已经跌得只剩零头,亏损幅度超过90%,而且公司很有可能退市,可你仍然不止损,这就是不对基本面止损,总是幻想股价会反弹。

反过来,如果你因为看好某公司基本面买入股票,10元买入,股价跌到8元,你判断公司基本面没有变化,那么你就不应该止损,而是应该加仓,为什么?因为既然10元的时候你都愿意买,为什么

8元的时候反而想卖呢？所以，频繁对股价进行止损，是很多投资者亏损的重要原因。

所以，股票投资止损很重要，但要对基本面止损，而不是对股价止损。但我观察到的大部分个人投资者，要么频频对股价止损，要么完全没有止损机制。

这时候有投资者可能会说，说得容易，问题是我面对股价下跌20%的时候，怎么知道是基本面恶化还是非理性下跌呢？这是一个好问题，有无这种鉴别能力是合格投资者和不合格投资者的区别。

顽固坚持已经失效的策略

在A股市场，以前一些策略是非常有效的，比如小盘股策略、并购重组策略等曾经让很多投资者赚到大钱。但市场环境在发生变化，特别是前面我们一再强调的A股市场三化——市场化、法制化、国际化，使A股市场的生态发生了翻天覆地的变化，以前很有效的策略不再有效。

这里我们着重分析小盘股策略和并购重组策略。

我们来看这样一个策略，每年1月1日买入10只市值最小的股票，每只股票10%的权重。这个策略从2012年1月1日到2016年12月31日，年均复合增长率大约是97%，5年总回报是29倍。

投资者喜欢炒小盘股，市场给了小盘股很高的溢价。只要公司市值小，就有五六十倍、七八十倍甚至一百倍的市盈率。

我们可以看统计数据，在2016年年底之前，A股市场的小盘股溢价非常明显，见表9-1。

表 9-1 2016 年年底市盈率分布情况（剔除亏损股）

总市值（亿元）	公司数（家）	平均市盈率（倍）
小于 50	386	80
50～100	1 057	56
100～200	678	43
200～500	358	36
500～1 000	70	29
大于 1 000	68	10

资料来源：市场公开数据。

例如，小于 50 亿元总市值的上市公司，剔除亏损股之后，平均市盈率高达 80 倍；而总市值大于 1 000 亿元的股票，平均市盈率才 10 倍。

这种小盘股溢价，在全世界都罕见。究其原因，很多投资者觉得，一是小盘股成长性好，二是小盘股相对容易炒作。

确实，绝大部分蓝筹股，特别是竞争行业的蓝筹股，都是从小公司发展而来的。比如海康威视、格力电器、伊利股份，原来都是很小的公司，现在发展成了行业的龙头公司，市值都是上千亿元。如果你能找到这样的公司，在它市值很小的时候就投资它，回报绝对是上百倍的。

但是，投资小市值公司真的好吗？要回答这个问题，我们先要搞清楚小盘股是否真的意味着高成长。

中国经济在经历了 40 年的高速增长之后，进入了新常态。在这种新常态下，各行各业的竞争格局变得更加稳定。各行各业，特别是技术变革不那么激烈的行业，稳定增长或者高增长的往往是龙头公司，而不是小盘股公司。比如乳制品行业，伊利的竞争优势越来越强，而光明、三元、麦趣尔、贝因美，不管是营收规模、利润，还是市值，和伊利的差距都越来越大。

以伊利和光明为例，2008年年底伊利的总市值是64亿元，光明是44亿元，两者差距不大。当然，以现在的眼光来看，当时两者市值都很低。经过10年发展，伊利的最新市值是1 800亿元，光明的市值是130亿元，两者已经完全不是一个量级。这种强者恒强的现象，在很多行业都存在，比如白酒行业里的贵州茅台，家用电器行业里的格力、美的，医药行业里的恒瑞医药，这也是全世界的趋势。在全球范围内，很多行业都是强者恒强的格局。比如飞机制造业，仅有波音（Boeing）和空客（Airbus）两家；碳酸饮料行业，前两大巨头占了全球市场的70%；汽车行业，丰田（Toyota）、大众（Volkswagen）、通用（GM）等前十大汽车厂商占了全球市场的77%。因此，不管从国内经验看，还是从国际经验看，产业在不断走向集中。而行业龙头，依靠着它的品牌、渠道、规模效应，会获得比小市值公司更高、更确定的业绩增长。

在股票投资中，概率思维是最重要的思维模式之一，即投资决策不可能百分百正确，但投资者要选择胜率高的投资标的进行投资。而龙头公司因为拥有核心竞争力和护城河，它们继续保持龙头地位的概率，是远远高于小公司逆袭的概率的。所以，小盘股高成长很难实现，小盘股溢价也是不合理的。

2017年以来，市场风格发生了巨大变化，行业龙头的价值被大家重新认可，小盘股股价剧烈下跌。结合前面的统计，结论有以下两点。

第一，这两年小盘股溢价正在快速消失。2016年年底，50亿元以下市值公司，剔除亏损股，平均市盈率有80倍，到2018年年底只剩下20多倍，见表9-2。我们可以看到，A股市场正处于小盘股溢价逐渐消失的过程。

表 9-2　2018 年年底市盈率分布情况（剔除亏损股）

总市值（亿元）	公司数（家）	平均市盈率（倍）
小于 50	1 763	23
50～100	643	16
100～200	368	14
200～500	238	14
500～1 000	66	12
大于 1 000	60	8

资料来源：市场公开数据。

第二，随着小盘股溢价消失，小市值的公司越来越多。50 亿元市值以下的公司，在 2016 年年底只有 517 家，到 2018 年年底已经有 2 000 多家，而且这 2 000 多家公司中很多是亏损的，甚至是巨幅亏损，表 9-2 中剔除亏损股后的平均市盈率只有 23 倍，而不剔除亏损股的平均市盈率还高达 53 倍，见表 9-3。这充分说明，小市值公司在残酷的市场竞争中，业绩稳定性是比较弱的。

表 9-3　2016 年年底和 2018 年年底市盈率对比（没有剔除亏损股）

总市值（亿元）	2016 年 12 月 31 日		2018 年 12 月 31 日	
	公司数（家）	平均市盈率（倍）	公司数（家）	平均市盈率（倍）
小于 50	517	103	2 094	53
50～100	1 262	102	685	19
100～200	754	63	380	15
200～500	358	36	246	15
500～1 000	70	29	67	12
大于 1 000	68	10	60	8

资料来源：市场公开数据。

从这个角度来说，我们应该给龙头公司股票溢价，而不是给小盘股溢价。小盘股公司由于业绩差，发展前景不稳定，投资风险大，应该折价。这就是为什么在港股这样的成熟市场，小盘股往往是没有流动性的，是折价交易的。

所以，我们可以得出结论，"小市值高成长"是很难实现的，虽然确实有"乌鸦变凤凰"的案例，但考虑到它逆袭的小概率，从投资角度来看，投资小盘股就不再是一个很好的策略。

A股市场投资者一度非常喜欢并购题材，一听说并购和资产重组，相应公司的股票价格往往一飞冲天。并购或者重组策略，还是好的投资策略吗？

2018年有一个让人大跌眼镜的新闻，曾经的明星股掌趣科技遭遇大股东清仓式减持，减持后，公司连实际控制人都没有了。这在A股市场是罕见的事情。与此同时，掌趣科技从最高时的600亿元市值，跌掉了80%，只剩下100多亿元的市值。

说起掌趣科技，让人印象深刻的是它一系列让人眼花缭乱的收购。从2008年收购北京华娱聚友后，掌趣科技先后收购了动网先锋、玩蟹科技、上游信息、天马时空等公司，又接连入股了欢瑞世纪、B站、大神圈、体育之窗等公司。可以说，市场什么热，掌趣科技就买什么，资本运作超过40次，主营业务仿佛从游戏开发转型为"并购重组"。

在经历了这么多次收购后，掌趣科技的商誉金额高达54亿元，占公司总资产的55%。收购的公司业绩一旦下滑，就可能造成其商誉减值。这随时会爆炸的商誉减值地雷，是投资者"用脚投票"的原因。

不止掌趣科技热衷于并购，A股历史上有非常疯狂的并购高峰期，比如2015—2016年。A股市场为什么会出现这样的并购热潮呢?

从上市公司角度看，2015—2016年，一些上市公司的估值很高，利用自己的高估值买一些相对便宜的资产提高业绩，填补估值泡沫。对于许多被并购的优质资产来说，IPO速度慢，排队时间久，于是被迫选择和上市公司并购。而A股投资者向来喜欢炒作并购概念，看到有并购的题材，不管好不好，先将股价炒起来。正是这几种因素的合力，催生了2015年、2016年的A股并购潮。

但这个游戏从2016年下半年就开始玩不了了，原因主要有两点。

第一，IPO新政实施后，监管部门对并购加强了监管，不再允许随意的并购。比如华谊兄弟，就曾经高价收购多家影视明星组建的公司。2015年，华谊兄弟以7.56亿元收购了浩瀚影视70%的股权。而当时，浩瀚影视仅成立了一天。几位明星成立一家空壳公司，被上市公司高溢价收购，像这样的并购行为开始被严格监管。

第二，IPO速度加快后，原来因为IPO时间久而被迫选择和上市公司并购的优秀资产，现在自己排队进行IPO。相比并购，IPO对优质资产的股东来说，收益更大。

虽然现在并购"降温"了，但还是有不少人认为，并购是公司快速发展的好途径。并购真的是业绩增长的长期驱动力吗？从国内外的经验来看，并购成功是小概率事件。

在国内，上市公司并购重组大多伴随着业绩承诺。这从表面上看可以保护上市公司利益，但这种保护是很有限度的。我们经常看到，在承诺期内，标的资产会想方设法完成业绩承诺，但承诺期结束后，并购资产就开始业绩"变脸"，并购重组时的美好愿景也化为泡影。前面说到2015年和2016年是A股并购高峰期，那么2018年和2019年业绩承诺将集中到期，市场将会发生什么？2018年已经出现了大规模业绩爆雷的现象，对于曾经大规模并购重组的上市公司，大家还是要提高警惕。

在国外成熟市场，并购后能够成功整合并产生协同效应的公司比例是不高的，大部分并购是以低于预期甚至失败告终的。在海外成熟市场，上市公司一旦要并购，尤其是跨界并购，股价往往会下跌。

所以，对于我们投资者来说，不要一听并购，就跟风炒作。那么，我们如何得知公司的并购是否合理呢？我建议大家，要重点关注3点。

第一，并入资产是否具有可持续增长能力。这是评判并购是否有吸引力的最重要因素。如果并入资产没有可持续增长能力，即使兑现了3年业绩承诺，也会在承诺期结束后出现业绩"变脸"。

第二，并入资产是否具有协同效应。这点非常重要。现在很多公司喜欢跨界并购，原来做传统制造业，跨界并购进入互联网领域、游戏领域等。但我敢说这种跨界并购大概率是做不好的。投资者如何相信一家公司，原来的主业都没做好，突然并购一个新的主业，还能把原来的主业和新的主业同时都做好呢？但在A股市场，跨界并购的公司股价常常会上涨，这其实是一个巨大的投资误区。

第三，估值是否合理。并入资产的估值如果太高，也会损害上市公司股东的利益。

所以，不管是小盘股策略，还是并购重组策略，虽然曾经是很有效的赚钱策略，但随着环境的变化，它们不再有效。投资者若固守老经验，顽固坚持已经失效的策略，只会让自己的投资之路越走越窄。

既要绝对收益，又要相对收益

我举一个例子。一位个人投资者买了一只基金，当时正值牛市，指数大涨了30%，他发现自己的基金才涨了20%，于是责怪基金经理，说业绩连指数都跑不过，还要基金经理干什么。接着，熊市来了，市场跌了20%，这只基金也难逃下跌的命运，跌了5%，但它已经远远跑赢指数，但这位投资者仍然不满意，又责怪基金经理让自己亏了钱。

很多投资者在牛市里要相对收益，希望业绩跑赢指数，在熊市里要绝对收益，自己不能亏损，这就既要相对收益，又要绝对收益。

这种"既要"和"又要"的投资者在股市里是很普遍的。比如投资者既要股价涨得快，又要回撤小，甚至没有回撤。再比如投资者既要成长性高，又要估值很低，而这样的股票几乎是不存在的。

接下来，我要给大家讲第二个例子，这个例子是巴菲特分析过的，他讲过很多和投资原理相关的话。他说，有一对老夫妇50周年金婚纪念日，他们听着音乐，喝了点儿葡萄酒，回忆往事，这时候老太太说想到楼上亲热一下。老头子想了想回答说，上楼可以，亲热也可以，但上楼亲热不行。为什么不行？老头子体力不够，只能做一件事情，没办法两件事情都做。巴菲特讲这个故事的意思是，在投资中既要这个又要那个，是很难做到的。

巴菲特为什么这样说呢？现代金融学里有一个基本理论，相信大家也都知道，那就是风险和收益是对称的，天下没有免费的午餐。你很难做到既要高收益，又要低风险。在大部分情况下，你想要高收益，就必须承担高风险。所以，我们很多投资者既要相对收益，又绝对收益，几乎是不可能完成的任务。

但大家要注意，我说的是"在大部分情况下"。在特殊时期，股票市场是会出错的，比如，好公司的股价低，差公司的股价反而高，这种现象叫定价错误。A股市场长期以来存在这种定价错误。市场发生这样的定价错误，往往是在提供免费午餐的机会。我们如果能发现这种定价错误，就能以低风险获得高收益。超额收益的来源是投资者要捕捉定价错误的机会。

巴菲特说：**"如果市场是完全理性的，那我只能沿街乞讨。"**

传统经济学和金融学有一个重要基石，那就是假设人是理性的，整个传统经济学和金融学的大厦都是建立在"人是理性的"这个假设基石之上的。既然人是理性的，那么股票市场也是理性的，股价都能正确反映基本面，股市也就是所谓的"有效市场"。

但现实生活中，人在绝大部分情况下都是不理性的，容易犯错误。人往往在顺利的时候会更加乐观，在不顺利的时候会更加悲观。股市5 000点时，大家蜂拥入市，市场跌到了2 000多点时，股票反而无人问津。正是这种人性的弱点，加大了股市的波动，带来了大泡沫，也带来了股灾。

在个股的定价上，资本市场也经常是无效的。很多人不买估值低的好公司，反而一窝蜂地追逐估值高得离谱的差公司。正是这种无效，导致定价错误。

价值投资者追求的是定价错误的机会，特别是好公司被错误定价（被低估）的机会。好公司之所以被错误定价（被低估），是因为大众恐慌、大众误解和大众忽略。

大众恐慌，通常伴随着市场系统性风险，大批公司被低估，比如2008年的金融危机和2019年年初的股市。

大众误读，通常是公司或行业发生"黑天鹅"事件，虽然"黑天鹅"事件只会对公司基本面产生短暂或者微弱的影响，但市场放大了这种影响。比如2017年"3·15"晚会揭露了角膜塑形镜乱象，欧普康视第一个受到了市场的误读，4个多月股价跌幅将近40%。而晚会揭露的问题其实并非来自欧普康视，短暂的"黑天鹅"事件之后，一年的时间里，其股价翻了1倍。塑化剂事件发生后，贵州茅台同样也是如此。

大众忽略，特别是对少数 IPO 的新公司缺乏研究。近年来，IPO 的新公司越来越多，但很多公司并没有得到市场的充分研究。例如安井食品，2017 年年末业绩预告时净利润是行业第二名、第三名和第四名的总和，估值只有 20 倍左右，盈利能力、估值水平都具有明显优势。而当时只有一家券商对其进行过调研。

大众恐慌、大众误读、大众忽略中的好公司估值低，是明显的定价错误。我们把握这些定价错误的机会，在市场情绪恢复、估值修复后就可获得超额收益。

在 2014 年以前，很多好公司的估值都是非常低的。比如当时的贵州茅台，动态市盈率只有 10 倍，当时的格力电器和万科，动态市盈率也只有五六倍，而这些公司在当时都是龙头公司，基本面非常好，那么市场为什么不"喜欢"它们呢？那时候说到贵州茅台，大家会说现在有相关规定，谁还喝茅台酒呢？所以市场给了贵州茅台很低的估值。说到格力电器，大家会说空调行业都已经到天花板了，没有增长空间，市场也给了它低估值。说到万科，大家觉得房地产政策在调控，房子卖不出去，市场为什么要给万科高估值呢？大部分人对这些公司基本面的理解发生偏差，于是出现了定价错误。回头看，他们懊恼不已，后悔当时没看到这些公司的投资价值。

从 2016 年下半年以来，A 股市场在大幅度修正这种定价错误，好公司的估值不断提高，差公司的价值跌得很厉害。

与 2014 年相比，贵州茅台、格力电器、万科即便经过了股市大跌，市盈率还是上涨了四五倍。现在格力电器的市盈率有 12 倍，贵州茅台的市盈率有 30 倍。反过来，很多曾经被疯狂炒作的差公司，股价跌了 80%～90%。

从这个角度来看，A 股市场的估值结构更加合理，定价错误越来越少。但从投资者的角度来看，市场提供的免费午餐的机会越来越少，这就更加需要投资者精挑细选，找出其中的投资机会。

盲目相信神秘"主力"和政策

在 A 股市场，很多个人投资者相信政策和"主力"，反而不太相信基本面。为什么？因为他们觉得 A 股市场是政策市，觉得 A 股是被"主力"操纵的。

很多个人投资者觉得中国的股票市场是政策市，也就是说，政策对股市的影响非常大。有些个人投资者甚至觉得股市走势完全是受政策左右的，政府出利好政策，股市就会涨，政府出利空政策，股市就会跌。

其实，不仅个人投资者有这样的认识，一些专业投资者也会这样认为，甚至一些基金经理，也会有类似的认知。几乎所有券商策略报告，都会对政策进行预测和分析。一次，我和某位基金经理交流对市场的看法，这位基金经理说："今年是经济转型的关键期，需要一个稳定繁荣的资本市场，政府会推出一系列措施来支持资本市场的发展，所以我看好今年的市场。"大家觉得这样的话是不是很熟悉？

我不否认政策对中国股市的影响很大，但我们绝对不能过于夸大政策对股市的影响，更不能只跟着政策炒股。除了政策，我们更要关心股票本身的基本面。

我用几个简单的例子，告诉大家跟着政策炒股是不行的。

第一个例子，我入行 20 年，这 20 年来，政府是希望股市稳定，走所谓的慢牛行情的。但大家想一想，中国股市真正走慢牛行情的时间多不多？恐怕很少。中国股市大部分时间是"疯牛＋股灾＋慢熊"的组合。可见，我们不能简单地认为，中国的股市是政策市。

第二个例子，大家都知道，我国政府特别重视关键会议、关键时间点的维稳工作，在维稳工作中，股市维稳是重头戏。但大家可以回想一下，重要事件期间，A股却是跌多涨少。我印象最深的是，北京奥运会开幕当天，大盘下跌幅度超过4%。

第三个例子，2007年的时候，政府在上半年就开始警惕泡沫过大，2007年5月30日凌晨，财政部突然将证券交易印花税税率由1‰上调至3‰，股市暴跌。但股市短暂调整之后，一口气从4 000点涨到6 000多点。

所以，这几个例子充分说明，股市涨跌有其自身规律，政策面对熊市、牛市也是无能为力的。

那么，我们到底怎么正确看待政府在股市中的作用？我们要承认政府依旧是影响股市的重要力量之一，但我们不能人为放大政府的作用，更不能只看政策炒股。

第一，我们现在股市的盘子越来越大，总市值已经接近60万亿元，这么大的市场，政府调控起来也有难度。

第二，这些年，政府在积累经验，不断进步，大部分时间是不干预指数的，当然，也不可能控制指数的涨跌。

第三，政府要回归本源，要回到强化监管、保护投资者利益上。保护投资者利益，不是操纵股市涨跌，而是加强监管，让信息披露更加透明，让造假公司无处遁形。当然，市场如果出现极端情况，如出现特别大的股灾，可能影响整个金融体系的稳定，政府也应该果断进行干预。

对于我们做基本面投资的人，除了政策，我们更要关心行业趋势、公司竞争力、财务健康度、估值等基本面因素，这些才是影响公司发展、影响公司长期股价的根本性因素。

巴菲特、彼得·林奇等投资大师，他们把宝贵时间都放在研究公司基本面上，很少关注政策的走向。巴菲特曾经说，他每年花在研究宏观经济和政策上的时间不超过10分钟。因为他知道，真正决定股价长期走势的，不是政策，是公司基本面。

所以，碰到某股评家跟你分析政策，建议你跟着政策炒股的时候，你不妨问他，政府希望股市年年"慢牛"，可"慢牛"真的来过吗？

除了盲目相信政策，个人投资者还特别相信神秘的"主力"资金。我们经常听到个人投资者说某只股票的"主力"开始建仓、洗盘、拉升、出货。很多股评家和媒体也常说，主力如何了、大家要时刻注意"主力"动态等。总而言之，"主力"是非常神秘地存在，能耐非常大，股价是"主力"控制的，K线是"主力"画出来的。但你问这些个人投资者、股评家，"主力"到底是谁，大家一脸茫然，谁都说不出来。

其实，大部分股票根本就不存在"主力"，在绝大部分情况下，"主力"是大家臆想出来的。

为什么这么说？所谓主力，是有能力控制筹码、影响股价，并且通过操纵股价牟利的机构。在20世纪，市场上有很多坐庄行为。我记得，1998年我入行的时候，大家讨论股票好不好，就是讨论这只股票有没有庄家，庄家实力强不强。那时候名震江湖的机构有南方证券、德隆。如果庄家是南方证券、德隆，那大家觉得这是牛股，因为南方证券、德隆实力强。但2001年以来的5年熊市，绝大部分庄家都在熊市中消失，很多庄家高度控盘，确实能操纵股价，但它们却发现没有接盘方，没法出货，兑现账面盈利。与此同时，庄家往往是通过高利率融资来炒作股票，高额的资金成本使得庄家不堪重负。在2001—2005年的熊市中，连南方证券、德隆这样大名鼎鼎的机构也因为坐庄,把自己做倒闭了。

进入21世纪,以公募基金为代表的机构投资者蓬勃发展,这些机构投资者基本抛弃了以前坐庄的模式,用的是基本面投资、组合投资的策略,很少坐庄。基本面投资第一次为A股投资者所熟知,要倒推到2003年,那一年公募基金成功挖掘出钢铁、汽车、石化、电力及银行等五大绩优蓝筹板块的投资价值,并被称作"五朵金花"行情。那一年,公募基金也第一次从配角成为主角,引领了价值投资的潮流。

现在的监管越来越严格,大数据监控等手段也越来越成熟,坐庄等操纵市场的行为,很容易被监管部门发现并查处,机构投资者也越来越不敢坐庄。以前一些证券公司,包括著名的敢死队,经常动操纵股价的脑筋,但它们经常会接到交易所的电话,对它们进行提醒,性质严重的,还会被暂停交易甚至被立案调查。这些年因操纵股价、内幕交易而被处罚的机构越来越多,执法效率越来越高,执法力度也越来越强。所以,现在机构基本上不会采用以前的坐庄模式。

市场上没有人坐庄,那还有没有所谓的"主力"?股价又是由谁决定的呢?

股市中有一些持仓量比较大的机构投资者,它们和个人投资者臆想的"主力"是完全不一样的。因为这些机构投资者基本上用的是买入持有策略,很少会走以前庄家吸筹、打压、拉升、出货的方法。为什么?一方面,监管太严格,它们不敢这么做;另一方面,现在的投资者结构跟以前不一样了。你若恶意坐庄,大股东或者其他机构投资者会把筹码倒给你,这样你还没赚到钱,你的钱就被别人赚了。

到底谁在影响股价呢?股价其实是千千万万投资者,即机构投资者和个人投资者共同影响、共同交易出来的。特别是在中国，个人投资者数量众多，而且个人投资者喜欢跟风，羊群行为明显，他们的交易行为一旦产生共振，力量是不可小觑的。

而且，股价的短期波动有很大的偶然性。比如，某个机构的投资总监出门之前和家人闹了不愉快，心情很差，到了单位因情绪不稳误判，命令交易员卖一部分筹码，导致股价下跌，这也会被个人投资者理解为"主力"打压或者出货。再比如，某大股东要购买豪宅，减持部分股票，也会导致股价下跌，也会被个人投资者认为"主力"在行动。

总而言之，股价的波动在短期内有很大的偶然性，按照专业的说法，是"随机漫步"的。这里我推荐一本关于股票市场的经典名著《漫步华尔街》，它讲到股票价格大部分时间是"随机漫步"的，非常值得一读。但在长期内，股价是由基本面决定的，和那个神秘的"主力"无关。

基本面选股，技术面择时

在实践中，有人经常这样问："我能不能用'基本面选股，技术面择时'呢？"

我是坚定的基本面派，所以对这个问题向来给出"否定"的回答。在现实投资中，"基本面"和"技术面"经常水火不相容，根本原因在于基本面和技术指标结论一致的时候，投资者做决策是很容易的，但大部分时候，技术指标发出的买入或卖出信号，和投资者依据基本面做出的判断，是不一致的。如果投资者要结合，应该根据哪一个呢？特别是对一些长线好公司，投资者如果根据技术指标做波段交易，明明已经找到牛股，却很可能抛掉，只赚一点点儿，甚至亏钱。就像我们前面提到的海康威视，若投资者通过技术分析的信号卖出，很可能就会错失一只长线大牛股。

但我还是想谈谈基本面和技术分析结合的可能性。技术分析在信息传播机制上有一定的合理性，小部分人先了解到某一好消息，率先开始交易，这些交易会反映在量价等技术指标上，由于股价尚未完全反映好消息，后面的投资者不需要知道好消息具体是什么，看见前面的技术指标，就跟着操作获利。但我觉得两者结合的方式不是"基本面选股，技术面择时"，而是"基本面帮助技术分析剔除高危股票，技术分析提示基本面可能有预期差"。

对于技术分析来说，买卖逻辑应该自洽，投资者按照技术指标买，也要按照技术指标卖。但在现实投资中，如果没有基本面研究加以甄别，单纯依靠技术分析的结论来操作，非常容易掉进垃圾公司、题材股的陷阱。所以，用技术指标来发现交易信号，用基本面研究来甄别信号（剔除风险极大的垃圾股），可能是很好的一种结合。假设我们通过技术指标发现某只股票持续获得大单资金买入，又通过基本面分析发现公司基本面不是太差甚至很不错，那么按照这个技术指标做交易，风险就小得多。但和一般投资者认为的"基本面选股，技术面择时"不一样，我更倾向于用"技术指标发现交易信号，基本面分析剔除高危垃圾股"，因为技术分析本身是偏短线的，在短线交易决策中起主要作用的是技术指标，基本面分析只能起到"剔除高危股票"的辅助作用，如图9-4所示。

对于基本面投资来说，买卖逻辑同样应该自洽，投资者按照基本面逻辑买，也要按照基本面逻辑卖。但技术分析可能有提示预期差的作用，因为市场永远存在信息不对称的情况，少数拥有信息优势的投资者的交易行为，可能会反映在技术指标上，这时候，市场很可能存在预期差。比如你从基本面角度看好某公司，并且已经买

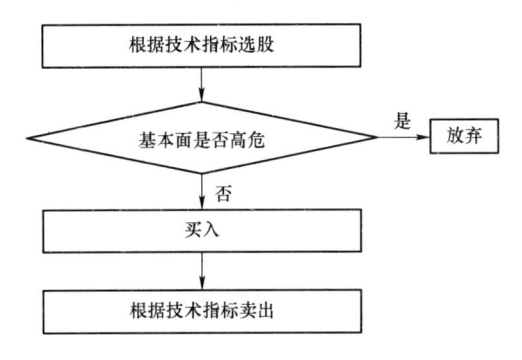

```
根据技术指标选股
      ↓
   基本面是否高危 ——是——→ 放弃
      ↓否
     买入
      ↓
 根据技术指标卖出
```

图 9-4　短线交易中基本面分析的辅助作用

入该公司股票，但假设你通过技术指标发现有持续的大单资金卖出，这时候你要分析这家公司的基本面是否发生了你不知道但其他投资者知道的变化（预期差）。所以，对于基本面投资者来说，技术指标发出一些重要的信号，不要马上跟着技术指标做交易，而是分析市场是否存在预期差，并根据对预期差的分析结果来做决策，如图 9-5。

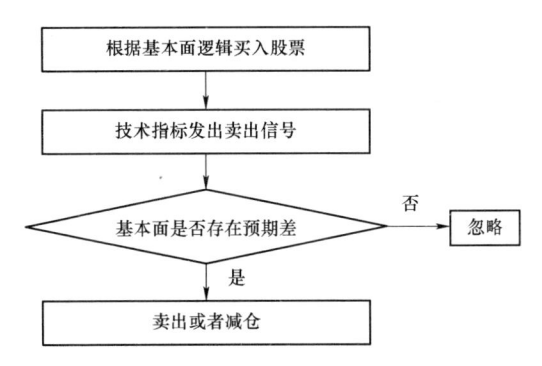

```
 根据基本面逻辑买入股票
        ↓
  技术指标发出卖出信号
        ↓
   基本面是否存在预期差 ——否——→ 忽略
        ↓是
     卖出或者减仓
```

图 9-5　基本面投资中技术指标提示预期差

第十章　聪明投资者的投资准则

前面我们讲了很多内容，还总结了普通投资者甚至专业投资者都容易犯的错误。接下来，我们要对全书做一个总结，如何做一个聪明的投资者。

构建适合自己的盈利体系

这本书最核心的观点是：投资者一定要构建适合自己的盈利体系。

前面我们讲过，投资是一个概率游戏，没有稳赚不赔的策略，但长时间来看，为什么有人赚钱、有人亏钱？原因不在于智商高低，不在于资金量大小，也不在于投资者是否有"内部消息"，而是投资成功的人，他们大多有自己的投资体系，而且能够坚持和完善自己的体系。坚持正确的体系，大数定律就能显示威力，时间就能成为投资的朋友。正如前面举的例子，一个赢面70%的策略，如果在你一生的投资生涯中不断重复，你几乎就百分之百会盈利。反过来，如果你的投资体系很糟糕，每次赢的概率不高，又在长时间内不断重复，那结果就会亏得很惨。

对普通投资者来说，要构建什么样的盈利体系呢？

首先，它要适合自己的能力圈。在构建自己的盈利体系的过程中，投资者要综合考虑自己的职业、财务状况、风险承受能力，以及自己的性格特点，即在自己的能力圈内构建盈利体系。对普通投资者来说，学习基本面投资的方法，在自己熟悉的行业或领域内坚持价值投资，是很好的盈利方法。

其次，它要逻辑自洽。买卖逻辑不自洽的投资者，大部分是做不好投资的，能做好投资的一定是买卖逻辑自洽的投资者。

再次，它要符合市场规律和趋势。有些投资策略，在股市的特定阶段可能很有效，比如壳概念策略、小市值策略，但市场环境发生巨大变化之后，这些策略就变得无效了。所以，我们一定要看清楚市场趋势，及时摒弃那些已经无效的盈利体系。

最后，它要可持续、可复制。一个好的盈利体系，一定是在相当长的一段时间内可持续、可复制。

投资的2.5分原则——接受不完美的股票

前面我们多次强调价值投资的逻辑，是选择"好赛道+好公司+好估值"的股票。

我们如果给这三个维度打分，每满足一个维度就打1分，那么能够得3分的股票就是完美的股票。但以我20年的从业经验来看，要完全满足这3个标准的股票几乎不存在。

比如2014年，贵州茅台、格力电器的估值都很低。贵州茅台当时的市盈率10倍多，格力电器当时的市盈率是七八倍。为什么这么便宜？因为大家觉得白酒行业、空调行业都面临增长的天花板，所以尽管公司有竞争力，但市场不愿意给高估值。当然，事后来看，这种判断是错误的。现在化工、建材板块的很多股票，估值非常低，也是因为大家觉得行业不好。反过来，很多行业好、竞争力强的公司，你总觉得其股价高，比如恒瑞医药，市盈率很少低于30倍。特别看重估值的投资者，总觉得估值高，就下不了手。腾讯、阿里巴巴这样的公司，在其发展历程中，估值也没有低的时候。特别看重静态估值（总觉得"两鸟在林，不如一鸟在手"）的投资者，就很容易错失一个个超级大牛股。

所以我的感悟是，不一定非要找到得3分的股票才投资，得2.5分的股票也可以考虑。得2.5分的股票，是满足3个条件中的两个，其中一个条件不太差、不得零分的股票。成长股投资者，可以看重行业空间和公司竞争力，放松对估值的要求；价值投资者，可以注重静态估值，降低对行业前景或者公司竞争力的标准。

当然，最大的投资机会来自市场对某个维度的"误判"。比如在2014年的时候，大家觉得贵州茅台、格力电器虽然是龙头公司，竞争力卓越，估值也很便宜，但它们的"赛道"并不好，增长已经遇到瓶颈。但事实证明，这样的判断是不对的，贵州茅台、格力电器的增长远远超出大家的预期。所以，事后来看，贵州茅台、格力电器就成了"完美本垒打"。追求这种完美本垒打，投资者要有超越市场一致预期的前瞻判断能力。如果没有这种判断能力，价值投资者也会买它们，因为公司足够优秀，估值足够便宜，行业基本面是不会太差的。所以，价值投资者的投资方法是：选择得2.5分的股票。万一2.5分变成3分，投资者就能获得巨大的意外惊喜。

具备常识和逻辑能力

但凡成功的投资者，都具备常识和逻辑能力。但恰恰是常识和逻辑能力，在投资中非常稀缺，很多投资失败的案例，投资者复盘后发现，损失正是因为缺乏常识和逻辑能力。

什么是常识？常识是基本知识，是普通人都应该明白的道理。

在股票投资中，常识特别重要。有关常识，我举几个例子。

第一个例子，在基本面不变的情况下，买入的价格越低，风险就越低，未来的投资回报就越高，这是一个非常简单的常识。所以，具备常识的投资者，10元买入股票，股价跌到8元，如果基本面没有变化，就应该更加坚定地买入。但我看到很多投资者，喜欢追涨杀跌，股价越涨越买，股价一跌却要止损、平仓。这样的投资者，是没有常识的，大概率是做不好投资的。

第二个例子，"十送十"、"十送二十"这样的"高送转"，只是数字游戏，对股票的投资价值没有任何影响。但就是这样的数字游戏，很多投资者却特别喜欢，一听到"高送转"，就迫不及待地买入。这样买股票就是博傻游戏，赌的是有人比自己更傻，高位接自己的筹码。可惜的是，现在这个市场，"接盘侠"越来越少，再用"十送二十"的"高送转"，股价不涨反跌了。在这一点上，初级投资者还是有进步的。

第三个例子，投资者的持仓成本不影响股价未来的涨跌。我常问朋友一个问题，如果一只股票的价格现在是10元，持股成本是8元或者12元，也就是说已经赚了2元或者已经亏了2元，对这只股票未来的价格涨跌有影响吗？90%以上的朋友会回答没有影响。按照这个道理，决定你对某只股票的操作，应该是股价未来会涨还是会跌，但涨跌和你盈利或被套牢没有关系，也就是说，你的决策不应该受你盈利还是被套牢的影响。但我告诉大家，90%以上的个人投资者在做投资决策的时候，会受自己盈利或被套牢的影响。

既然常识很重要，又很简单，那为什么很多投资者会没有常识呢？因为太多投资者被恐惧和贪婪蒙蔽了眼睛。恐惧和贪婪，是投资者的大敌。回归常识，能让投资者克服恐惧和贪婪。

跟常识比起来，逻辑能力难一些。逻辑能力是"一叶知秋"的能力，是从一件事情合理推导出另一件事情的能力，我也举几个例子。

O2O（线上到线下）上门服务，如上门美甲、上门按摩、上门洗车等，曾经是互联网市场最火的模式之一，大量的风投资金蜂拥而入，但我从一开始就不看好。O2O上门服务的逻辑基础在于"懒人经济"。那么问题来了，像阿里巴巴这样获得巨大成功的电商也是受益于懒人经济，为什么O2O上门服务却不行？核心秘密在于做懒人的成本，也就是"出行成本"。中国的快递费非常便宜，5元钱就能获得送货上门的服务。快递费之所以便宜，是因为快递有显著的规模效应，一个快递员往一个小区送快递，一次可以送几十个包裹，平摊到每一个包裹上只要5元钱就够了。我们再看O2O上门服务，它确实节省了我们的出行成本，但是这个出行成本并没有消失，而是被转嫁到了上门提供服务的人身上。但和电商的快递服务不一样的是，O2O上门服务并不能像快递服务一样产生规模效应，上门的出行成本至少也要几十元甚至上百元。这样的额外成本又有多少消费者愿意接受呢？这是我一开始就不看好O2O上门服务的原因，事实证明，这个行业没过多久就有很多公司倒闭，大量风投机构血本无归。

还有一个案例。2016年下半年IPO恢复，而且速度越来越快，最快的时候每周10多家，所以当时我就判断很多股票价格要大跌，有的甚至要跌80%以上。我为什么会有这样的判断？逻辑很简单，以前A股市场很多股票估值很高，动辄六七十倍，甚至100多倍，背后的原因是股票稀缺，上市公司可以利用高估值，购买没有上市但有利润的企业，来填补虚高的估值。在IPO暂停的背景下，很多没有上市的优质资产，被迫选择与上市公司并购。但IPO重启并且速度变快，一方面股票不再稀缺，另一方面好资产可以自己IPO、不用被重组，这样，那些严重被高估的股票的价格就一定会暴跌，这就是逻辑。

延伸阅读

投资中常见的常识和逻辑能力

有关常识和逻辑,我在 20 年的实际工作中总结出一些感悟。

投资是找贝壳游戏

投资是一件很辛苦的事情,就像在沙滩找贝壳,你必须辛辛苦苦地翻开一颗又一颗贝壳,但大部分时间你觉得翻开的贝壳不够漂亮,没有收藏价值。你唯一要做的事情是,继续翻下一个贝壳。所以,投资无法偷懒,想做好投资必须勤奋。

另外,我们要想做好投资,找到又大又漂亮的贝壳,一定要到别人不容易去的地方。容易去、人多的沙滩,因为人过多,漂亮的贝壳早已被捡完。不容易去、人少的地方,我们才有机会找到漂亮的大贝壳。

投资是盲人摸象和拼图的游戏

做投资是在信息不充分的情况下做决策,所以投资很像盲人摸象和拼图的游戏。

盲人摸象和拼图的游戏,最忌讳的是以偏概全。摸到象牙的说像大萝卜,摸到大象耳朵的说像簸箕,摸到大象脚的说像柱子,摸到大象尾巴的说像麻绳。根据局部掌握的情况,我们可以得出"局部"正确的结论,但是局部正确不等于全局正确。

所以做投资一定要避免管中窥豹,避免利用局部的信息直接做出投资决策,完整、详尽的研究非常有必要。

要做可预测性强的决策

我们在做投资决策时，不可避免要做各种预测，但很多时候，我们的预测会出错。预测的准确性和"预测链条长短、影响因素多寡、影响因素的可变性"相关。

一是预测链条越长，可预测性就越差。比如，自上而下的选股策略，链条就很长，投资者要预测宏观经济，预测完宏观经济要预测行业周期，预测完行业周期还要预测公司基本面，这样一个长链条下来，即便每个环节的准确率很高，但加在一起的最终准确率却不一定高。

二是影响因素越多，预测越难。比如我们对股票指数进行预测，宏观经济、货币政策（流动性）、大国关系、海外市场、大宗商品价格、市场情绪、监管政策等都很重要，每一个都会影响市场，这种情况下，投资者很难预测。所以，尽管"择时"是决定投资收益的最重要因素，但我所见过的投资高手，几乎没有靠"择时"赚取回报的。

三是影响因素的可变性越强，预测越难。比如投资者在预测指数的时候，变幻莫测的国际关系，会成为股票市场的"黑天鹅"，这个因素很容易变化，投资者很难预测。

我一直认为，宏观经济、汇率、房价这些是属于"重要但能力圈外"的因素，所以不要把你的投资决策建立在市场预测基础之上，如果你有能力预测市场，根本不需要投资股票，直接投资股指期货就可以，它能做多、做空，还能加杠杆，何必辛辛苦苦投资股票呢？但事实证明，股指期货投资者根本没有常胜将军。这也是巴菲特为什么说，他每年只花几分钟考虑宏观经济。我看过很多写得洋洋洒洒的宏观报告和策略报告，有的有非常精致的模型，有的有宏大的叙事，有的故弄玄虚，甚至把人搞迷糊了，我在 20 年的职业生涯中直接或间接写过不少类似报告，但我现在更清楚这些报告的作用是包装品牌和形象。所以，投资者不要轻易预测市场，不要让你的投资决策建立在市场预测基础之上。

相反，有没有预测链条短、影响因素少且相对稳定的投资方法呢？有，那就是价值投资。价值投资大道至简，把预测变量范围缩小至单个公司，而且只选择有护城河的龙头公司进行跟踪和预测，大大降低了预测的难度。正因为预测难度低，投资决策的可靠性才提高了。

模糊正确和精确错误

投资中，投资者追求模糊的正确永远比追求精确的错误要重要得多。

在投资中，很多时候大家会陷入过于在意细节的旋涡（精确的错误——某个季度的盈利是否达到预期），而忽视更高维度的信息（模糊的正确——公司的长期竞争力和发展空间），那就是容易犯一叶障目的错误。很多投资大师之所以能够成功，是因为他们站在了更高的维度，看到了大众目不能及的未来。投资者要具有这种看到未来的能力，其中经验积累和逻辑能力非常重要。

资金性质决定投资策略

资金性质决定投资策略。

如果资金期限足够长，投资策略就可以关注行业的长期趋势、企业的长期竞争力和发展空间，忽略短期的股价波动。如果资金规模大，投资策略就要求所投资的领域有较大的市场容量，构建资产配置方案并多元化投资。如果资金期限短、规模小，投资策略应偏向于趋势投资、短期博弈，更关注短期的机会。

对于境外机构投资者、社保机构和部分公募私募机构来说，它们的资金规模、资金性质决定了长线投资的策略，持股周期一般在2~3年以上。我以前服务境外机构投资者，经常看到境外机构投资

长期的力量

者持股周期长达好几年，一年换手率不到 1 倍（有的境外机构投资者甚至有风控要求，严格规定换手率不能超过 1 倍，否则基金经理要被亮黄牌），但境外机构投资者是所有投资者类型中业绩最好的，是市场中"最聪明的钱"。

而大部分投资者，包括大部分机构投资者往往是追涨杀跌，能持有几个月就已经不错了。

所以不同投资体系的人谈投资，很多时候彼此不知所云，背后的原因就在于大家的投资策略、体系不一样。所以在学习别人的投资经验，决定自己的投资策略之前，我们要先确认自己的资金性质，找到好公司，买入股票并持有，这是和我们自己的能力圈、资金性质相匹配的投资策略。

投资中安全边际极度重要

股市中有这样一句话："至贵者至贱，至贱者至贵。"它是说，安全边际极度重要。

股票内在价值与市场价格之间的差距，就是安全边际。价值投资者是利用市场的非理性和错误定价，在资产价格低于其潜在价值时买入该资产，这样就获得了安全边际。因为买入的价格足够低，所以亏损的概率也会更低。

巴菲特就曾经说："当你修建一座大桥时，你知道这座桥的承重会达到约 1.4 万千克，但你只让约 0.45 万千克的车经过这座桥，这就充分避免了桥倒塌的风险。"

巴菲特认为安全边际不仅由低廉的价格所提供，更多是来自公司的成长，来自企业的护城河。有护城河的公司，即便短期内股价看上去不那么"便宜"，但长期来看，"护城河"能给公司提供巨大的安全边际。

择时不靠谱

投资中最重要的事情是什么？当然非"择时"莫属。如果你能预测市场涨跌，那么巴菲特、索罗斯、林奇都不是你的对手。

但择时不是大家能力圈内的事情，为什么？因为择时涉及的变量太多，比如全球经济、中国经济、政府政策、市场情绪，你根本无法处理。

因此，投资者要做"能力圈内的事情"。有些事情，比如择时，重要但不是能力圈内的，大家就不要花精力在上面。

杠杆是价值投资的大敌

如果说时间是价值投资的朋友，那杠杆绝对是价值投资的大敌。

价值投资大道至简，要发现定价错误，耐心等待价值回归，所以我们的操作只需考虑"股价是否达到合理估值"，可以不用太理会股价的短期波动。巴菲特说过，在做每笔投资时都需要有持股3年以上的心理准备。他所投资的股票中也有很多买入就大幅亏损，但最终却能实现盈利。

如果你加杠杆，那么即便你的股票是好标的，也有可能会因为股价的非理性波动，让你错失机会。如果你加了杠杆，就有期限限制，就有止损机制，这时候时间不再是你的朋友，而是你的敌人。

区分能力和运气

我们做投资，尤其是做股票投资，一定要保持谦虚和谨慎。因为投资领域，成功很难归因，特别是很难区分能力和运气。

股市中把运气当作能力的人非常多。举个例子，一个人投资股票刚好遇到牛市，买什么股票都能赚钱，屡试不爽后，信心大增，融资融券买股票，然后爆仓，这样的情况数不胜数。

即便是专业投资者，我们也很难区分运气和能力。短期内的高收益并不能证明一个基金经理的能力很强，长期稳定的回报才是体现能力的关键。当然，有的明星基金经理在一个平台做出的收益成绩很亮眼，但是离开后光芒却渐渐消逝，有强大平台支撑也是一种运气。

什么样的成功，才是因为能力呢？投资者有逻辑自洽、可复制的方法论，有足够长的时间证明，自己的逻辑是可行的，是知行合一的，业绩是优秀的。"足够长"是多长？少则 5 年，多则 10 年。所以，当你没有一套逻辑自洽、可复制的方法论，当你没有至少 5 年的业绩来证明的时候，你就不能认为自己能力有多强。

投资中"昂贵"的一句话

历史上最成功的基金经理之一的投资大师邓普顿（Templeton）曾经说过一句经典名言："在投资界，代价昂贵的一句话是，这次情况有所不同！"

股市逃脱不了周期，股价涨跌背后是经济周期、盈利周期、人性周期在起作用，股价最终是由基本面和估值决定的。但就是这些常识和简单道理，很多投资者却没有掌握。

股票投资历史上，有多次的股市泡沫事件和崩盘事件，我们以中国投资者最经常讨论的两大泡沫事件为例。一次发生在 20 世纪 80 年代末的日本，一次发生在 2000 年的美国。这两次泡沫事件，并不是因为大家没有看见估值太高，因为估值是显而易见的高估了。那大家为什么会对泡沫如此熟视无睹呢？因为"这次情况有所不同"这句话支撑着大家无比乐观的心态。

钱塞勒（Chancellor）的书《金融投机史》（*Devil Take the Hindmost: A History of Financial Speculation*）讲了日本 20 世纪 80 年代末的股市泡沫和楼市泡沫，描写日本泡沫的第一句话是"所谓的'日本理论'，无非就是想说日本独一无二"。第二次世界大战之后，日本经过三四十年的发展，经济一片繁荣，一跃成为世界第二经济体。越来越多的人开始相信,以日本人的努力、日本制度的独特性、企业管理的优越性,全面超过美国成为全世界经济的龙头是指日可待的。既然都要成为龙头,股价高一点儿也是完全正常的。

我们再来看美国的案例。为什么市场明明有这么大的泡沫,大家还都信心满满?还是因为那句话"这次情况有所不同"。20世纪90年代,美国经济持续增长,大家对资本主义制度前所未有的乐观。学术界和媒体都在大力推崇互联网新经济,投资者沉醉在互联网公司描画的美好蓝图中,普遍认为传统经济周期理论不再适用新经济。于是,在"这次情况有所不同"的乐观情绪推动下,美国市场最终产生了大泡沫,随之而来的是大崩盘。

在整体股市中,"这次情况有所不同"会让投资者损失惨重,在个股上,同样如此。比如,大家都非常看好某只股票,但这只股票估值已经高得离谱,甚至达到惊人的数百倍。投资者并不是没有注意到估值很高,而是认为"这次情况有所不同"。又比如,有人为互联网公司的高估值找理论依据,认为市盈率、市净率等传统估值指标已经不再适用,而应该用流量、用户数等指标进行估值,但真实的结果却并非如此。

总之,股票市场永远有周期,也永远不可能摆脱基本价值规律。投资者盲目相信"这次情况有所不同",会陷入恐惧和疯狂。

不看后视镜开车,拥挤的地方不去,不懂的股票不碰

不看后视镜开车

开车的时候,我们绝大部分时间是看前面,偶尔看后视镜,投资也该如此。成功的投资者,永远看未来。只有失败的投资者,才

总是按照过去的经验做决策。

过去 5 年，一个最简单的成功策略是"每年 1 月 1 日买入 10 只市值最小的股票，每只股票 10% 的权重"，从 2012 年 1 月 1 日到 2016 年 12 月 31 日，这个策略的年均复合回报率大约是 97%，5 年总回报是 29 倍。这种惊人的回报，让所有基金经理都望尘莫及。炒小盘股是 A 股市场常见的现象，为什么？除了小公司业务增长相对容易之外，小公司还容易进行资产重组，所以小盘股溢价是非常明显的。

但投资者如果把这种惯性思维带到 2017 年和 2018 年，后果会不堪设想，很多小股票的价格跌幅惊人。如果还是按照前述策略买入市值最小的 10 只股票，你就会亏损 80%。

那么问题来了，同样的策略，为什么过去成功，现在却失效了？因为制度变了，2016 年下半年以来，证监会加快了上市公司 IPO 的速度，从严监管资产重组，这时候，投资者还继续炒小盘股就是自找苦吃。

过去 10 多年，最成功的投资应该是北上广深的房地产投资，所以有人笑称过去 10 年最失败的投资是"卖房子创业"和"卖房子炒股"。但未来 10 年，房子还会不会是好的投资标的呢？不一定了。

拥挤的地方不去

我们知道，拥挤的地方容易发生踩踏事件。

投资同样是这样，人多的地方容易发生踩踏事件。营业部就是最好的反向指标，在 2007 年和 2015 年牛市的时候，营业部天天挤满开户的人，总部的人经常被动员下去支持营业部。这时候，人人都在讨论股票，人人都是"股神"。这时候，一有风吹草动，股市的踩踏事件就发生了。踩踏不光发生在个人投资者身上，机构投资者也有羊群行为，也会发生踩踏，这样的案例并不少。2015年，很多股票顶着互联网金融、虚拟现实等光环，被机构炒到无以复加的地步，且风潮一过，机构同样在亏钱。

反过来，我们要说服热衷跟风的投资者接受一个"冷门"投资品种，却非常难。2016年年初，深港通要推出，港股估值过低，机会会大于A股，但是多数人觉得港股是一个被边缘化的市场。2016年以来，港股涨势喜人，很多人都很后悔。

不懂的股票不碰

A股市场的赚钱机会很多，可有的确实不是投资者赚钱的机会。

经常有客户非常认真地跟我讨论军工股，他们的逻辑是，发展军工产业是国家强大后的必然需求，国际形势也要求中国走强军之路，很多军工企业都有注入优质资产的预期，听到这里，我在想，A股市场几乎年年都有消息说军工股要注入优质资产，可到现在也没有几只真正的白马蓝筹。我又问他们，了解注入资产的盈利能力吗？买入后，能跟踪到基本面的变化吗？他们说很难。我就告诉他们，这不属于他们能赚的钱，因为看不懂、跟不住。

我也错失过一些超级牛股，包括腾讯、阿里巴巴这样的科技股龙头，我总觉得它们估值高。事实证明，我是错的，但我并不后悔。我告诉身边的朋友，赚钱的机会很多，但只赚自己能搞明白、跟得住的钱，这也是巴菲特的核心理念。

不看后视镜开车，拥挤的地方不去，不懂的股票不碰，这3句话不一定能保证你赚大钱，但可以使你的资产保值增值，还能避免别人赚你的钱。

善于第二层次思维

《投资最重要的事》这本书讲的核心是第二层次思维,有些人称它为逆向思维,两者类似但不完全一样。大多数人是第一层次思维,但投资做得好的人,多是第二层次思维。

第一层次思维这样想:这是一家好公司,所以我们可以买这家公司的股票。第二层次思维这么认为:这是一家好公司,市场上很多人也认为它是好公司,所以它的股价已经很高,它的股票不一定值得买。

第一层次思维认为:现在经济不好,通货膨胀率很高,股市行情不好,我们要卖股票。第二层次思维认为:现在经济不好,很多人恐慌,都在卖股票,说不定有买入的机会。

第一层次思维认为:公司利润下跌,所以我们要卖出股票。第二层次思维认为:这家公司利润确实下跌了,但是它的下跌幅度比大家预期的小,说不定是一个投资机会。

第一层思维认为:A股市场是一个投机市,所以基本面研究是没有用的。第二层次思维认为:A股市场确实有很多投机者,也有定价错误,所以我们能用基本面研究的方法找到定价错误,获得超额收益。

以上第二层次思维的想法,往往投资做得好的人都有。

拥有第二层次思维的人为什么能够投资得好?因为百分之八九十的人是第一层次思维,有第一层次思维的人非常多,可能会使股价过度反应,产生定价错误。如果你有第二层次思维,就能发现定价错误,获得超额收益。

当然，我们不能一味与市场反着来，一味强调逆向思维。第二层次思维是帮助大家发现定价错误，而不能代替系统研究和严密决策。

≫ 延伸阅读

《投资最重要的事》的核心观点

霍华德从自己40多年的投资经验中，提炼总结出投资最重要的18件事。

1. 最重要的不是盲目相信股市总是有效或者总是无效，而是清醒认识到股市相当高效而且相当难以击败，只有真正的高手才能长期战胜市场。
2. 最重要的投资决策不是以价格为本而是以价值为本。
3. 最重要的不是买好的而是买得好。
4. 最重要的不是波动性风险而是永久损失的可能性风险。
5. 最重要的巨大风险不是人人恐惧而是人人都觉得风险很小。
6. 最重要的不是追求高风险高收益而是追求低风险高收益。
7. 最重要的不是趋势而是周期。
8. 最重要的不是市场心理钟摆的中点而是终点的反转。
9. 最重要的不是顺势而为而是逆势而为。
10. 最重要的不是想到而是做到逆向投资。
11. 最重要的不是价格、价值而是相对的性价比，即安全边际。
12. 最重要的不是主动寻找机会而是耐心等待机会上门。
13. 最重要的不是预测未来而是认识到未来无法预测但可以

准备。

14. 最重要的不是关注未来而是关注现在。
15. 最重要的是认识短期业绩靠运气、长期业绩靠技术。
16. 最重要的不是进攻而是防守。
17. 最重要的不是追求伟大成功而是避免重大错误。
18. 最重要的不是牛市跑赢市场而是熊市跑赢市场。

坚持简单实用的价值投资

我向大家推荐一个简单有效的价值投资策略，普通投资者都能轻松学会。

这个投资策略分为以下 4 个部分。

第一，选择简单行业里的好公司。为什么这样做？因为个人投资者没有机构的信息优势，而很多行业也没有足够的信息，个人投资者就很难深入了解，很难做出正确决策。比如高科技行业、周期性行业，个人投资者要理解和研究是比较困难的，如果行业发生了一些变化，要跟踪就更是难上加难了。那么哪些行业是容易理解的"简单行业"呢？举个例子，消费品、公用事业等行业，和大家的生活贴近，个人投资者就容易跟踪研究。比如，你买贵州茅台，它的产品，普通投资者都熟悉，一看就懂。公司产品是不是畅销、产品价格是不是在上涨，这些信息普通投资者也完全跟踪得住。有关水、电、公路、机场等公用事业的公司，也有类似特征。

第二，在股市低迷甚至恐慌时买入。投资股票，买入时机很重要。我们知道，好股票等于好公司加合理估值。即便是好公司，如果估值太高，它也不会是好股票。现在很多个人投资者知道估值的重要性，但大部分人不会估值，而且估值合理的标准也很模糊，没有绝对的标准。投资者究竟该什么时候买入股票呢？这里有一个简单又行之有效的方法，我们可以在市场低迷甚至恐慌的时候买入，这样大概率就能买到价格比较低、估值比较合理的股票。

这也是巴菲特的投资策略，美国的运通（Express）是一个经典案例。1963年，美国运通遭遇"黑天鹅"事件，陷入丑闻，整个华尔街都在疯狂抛售美国运通的股票，短短几天时间，运通股价从65美元暴跌到35美元，几乎被腰斩。然而，巴菲特经过周密调查后，认为丑闻并不会影响运通的核心竞争力，并在市场最为恐慌的时刻以最快的速度买入美国运通的股票。最终，这笔投资也给巴菲特带来了巨大的回报。

我国股市同样如此，2005年、2014年是股市最底部的时候，大家信心全无甚至谈股色变，但这时候买入股票，基本上能买在底部，能获得很好的回报。

第三，组合投资，不集中持股。诺贝尔经济学奖得主詹姆斯·托宾（James Tobin）有一句很著名的话，即不要把所有的鸡蛋放在同一个篮子里。我们也千万不要把资金全押在一两只股票上，万一押错了，可能就是血本无归。所以我建议大家，适度分散，组合投资，但也不要太过分散，因为你的资金量是有限的。适度分散到什么程度呢？对一般个人投资者，我建议8~10只股票，这样既不会太集中，也不会太分散。

第四，耐心持有，做好公司的朋友，等待时间帮助公司实现价值。随着时间的推移，优秀公司的业绩会不断增长，短期内股价或许会低于公司价值，但长期来看，股价一定是上涨的。很多个人投资者喜欢短线交易、做波段，其实真正能通过做波段赚到钱的人寥寥无几，99%的人越做波段、越交易频繁，持股成本越高，有时候明明抓住了一只长线牛股，只赚了10%、20%就卖出了，回过头看只有后悔。

总结一下，投资者选择简单行业里的好公司，在市场恐慌时买入，组合投资，耐心持有，这样可以避免自己的钱被别人赚去，业绩还有可能战胜机构。因为机构往往是以年度甚至季度作为考核周期，只能进行中短线博弈；而个人投资者没有短期业绩考核压力，可以用更长的时间来做自己的投资组合，坚持价值投资，这是个人投资者的优势。这种方法最大的挑战是什么？是考验投资者的耐心。价值投资的方法，大道至简、逻辑清晰、方法简单、可学可复制，但为什么只有很少的人能做到呢？因为它需要超强的耐心，以及对阶段性亏损的强大忍耐力。

最后，我想以我打高尔夫球的经历，来说明常识和基本原理的重要性。我打高尔夫球已有六七年，一直没有进步，仔细分析原因，我除了刚学的时候请了教练，比较系统地学习了打高尔夫球的基本动作要领，后来就完全凭自己的经验，不断琢磨如何提高自己的球技。但事实证明，我自己琢磨出来的"技巧"，越来越偏离打高尔夫球的基本原理，所以我越打越差。终于有一天，我下定决心重新请教练，让他纠正自己的动作。我非常痛苦地发现，新教练教我的东西，其实是我刚学球时那位教练教我的内容，如保持身体的稳定，利用身体的力量而不是手的力量打球等。这些最简单的道理，在自己不断琢磨的过程中，被自己抛弃了。

投资也是如此，最基本的原理是非常简单的，但很多人会随着"经验的积累"，越来越偏离基本常识和基本原理，结果是经验越多，离正确的道路越远。所以，投资应该和打高尔夫球一样，牢记和坚持那些最基本、最简单的常识和原理。